# 멈추어라, 그리고 알아라

## 그리스도교 기도에 대한 탐구

마이클 램지 지음 · 김준철 옮김

Be Still and Know

# 멈추어라, 그리고 알아라

## 그리스도교 기도에 대한 탐구

마이클 램지 지음 · 김준철 옮김

비아

# 차례

너희는 멈추어 서라.
그리고 내가 하느님인 것을 알아라.
나는 민족들 가운데서 높임받는다.
땅에서 높임받는다.

시편 46:10

*Be still, and know that I am God:*
*I will be exalted among the heathen,*
*I will be exalted in the earth.*

Psalm 46:10

**일러두기**

· 역자 주석의 경우 * 표시를 해 두었습니다.

· 성서의 경우 「공동번역 개정판」(1999)을 사용하는 것을 원칙으로 했으
나 원문과 지나치게 차이가 있을 경우 대한성서공회판 「새번역」(1999)
을 참고해 다듬었음을 밝힙니다.

이 책은 하나의 주제를 다루지만, 형식상 두 부분으로 나뉩
니다. 첫 번째 부분에서는 예수의 기도, 그리고 바울 서신과
요한 복음서, 히브리인들에게 보낸 편지에 더해 주님의 변모
이야기에 나타난 기도에 대한 이해까지 살펴봅니다. 두 번째
부분에서는 신앙생활과 관련된 면에 초점을 맞추어 그리스
도인의 기도가 실제로 어떠해야 하는지 다룹니다. 14세기 영
국과 16세기 스페인에 살았던 신비주의자들의 가르침도 몇
가지 더했습니다. 그들의 가르침이 오늘을 살아가는 우리에
게도 변함없이 말을 걸어오고 있기 때문이지요.

"멈추어라, 그리고 알아라"라는 제목은 이 책이 끊임없이 강
조하는 바를 담고 있습니다. 고요함과 침묵은 지극히 중요합
니다. 이를 소홀히 하면 그리스도인의 삶은 망가집니다. 그

러한 면에서 관상contemplation이 어떤 방식으로든 회복되는 조짐이 보인다는 것은 감사한 일입니다. 관상이란 결국 하느님의 사랑에 자신을 여는 일이며, 그 사랑이 우리 삶에 깊은 영향을 미친다는 사실을 점점 더 많은 사람이 깨닫고 있습니다.

– 마이클 램지

# 들어가며

그리스도교 신앙에 몸담고자 하면서도 기도하기를 버거워하는 이들이 꽤 많습니다. 심지어 의심의 눈길을 보내기도 하지요. 그들은 이렇게 묻곤 합니다. "셀 수 없이 많은 사람이 어려운 일을 겪고 있고, 도움의 손길이 필요합니다. 이 와중에 사랑과 자비의 하느님이 누군가의 기도 때문에 몇몇 사람에게만 호의를 베푸신다는 게 말이 됩니까?" 이런 질문을 던질 때도 있습니다. "교회 안팎에서 드리는 기도가 주변에서 벌어지는 일들에 정말 영향을 미친다는 걸 믿어도 될까요?"

이런 물음에 답하기 전 먼저 기억해야 할 점은 그리스도교에서 기도란 단독으로 수행하는 종교 행위가 아니라는 사실입니다. 기도란 인간과 창조주 사이에 일어나는 폭넓은 상호 교류를 드러내는 하나의 표현입니다. 그리스도인은 하느님께서 다양한 방식으로, 자연의 아름다움을 통해, 양심의 감동을 통해, 영감받은 이들의 삶과 글을 통해, 역사에서 일어난 사건들을 통해, 궁극적으로는 예수 그리스도를 통해 인류에게 자신을 알려 주신다고 믿습니다. 하느님의 이러한 "말씀하심"에 대한 인간의 응답도 그만큼 다양합니다. 하느님의 말씀 앞에서 인류는 감사드리고, 그분을 신뢰하고 사랑합니다. 경외하고 경탄합니다. 깊이 슬퍼하고 크게 뉘우칩니다. 섬김을 실천하고 그리스도인의 생활 방식을 추구합니다. 이 모든 응답이 우리 마음과 정신과 의지가 하느님을 향해 움직이는 과정입니다. 때로 이 움직임을 말로 표현하기도 하지만, 온전히 담아내지는 못합니다. 유대교와 그리스도교 성서 저자들은 하느님과 인간 사이의 관계 전체를 말하고 듣는 모습으로 묘사하곤 합니다. 그러나 "사무엘아! 사무엘아!" 하고 부르시는 음성에 "예, 제가 여기 있습니다" 하고 대답하듯 말로 하는 대화는 언어와 침묵, 기다림과 행동을 아우르는 관계 속 작은 단편일 따름입니다. 그리스도교에서 기도는 바로 이러한 맥락에 자리하고 있습니다.

이렇게 기도의 본질을 이해한다면, 기도와 삶 사이에 지나치게 엄격한 경계를 긋는 것은 잘못된 판단으로 보입니다. 안타깝게도 역사에서는 둘을 반복해서 분리해 왔고, 그 결과 기도와 삶 모두가 희화화되곤 했습니다. 이때 기도는 인간을 사랑하시는 하느님을 향한 움직임이 아니라 단순히 경건한 분위기, 개인의 취향, 관습을 따르는 활동으로 축소되어 버립니다. 그리고 그리스도인의 삶은 하느님과의 친교가 가져다주는 겸손과 내면의 평화를 놓쳐 버린 채, 쉼 없이 분주하고 공격적인 활동으로 왜곡되어 버립니다. 하느님과의 교제 안에서 기도와 삶은 서로 깊이 얽혀 있습니다. 이를 깨닫는다면 이 장을 시작하며 언급한 두 가지 물음이 그렇게 부담스럽게 다가오지는 않을 것입니다.

(1) 간구기도petitionary prayer는 하느님이 전제 군주처럼 자기
　　마음대로 은총을 베푸시는 분임을 가정하고 드리는 것
　　일까요?

반드시 그렇지는 않습니다. 하느님은 사랑과 긍휼의 하느님이시며, 당신의 뜻을 이루기 위해 인간과 함께 일하십니다. 이때 그리스도인의 간구기도는 하느님께 자신을 바치는 헌

신인 동시에, 다른 사람을 위하는 마음으로 깊이 생각하며 드리는 요청입니다. "주님, 저를 당신의 평화의 도구로 삼아 주소서"라는 기도는 "주님, X와 Y와 Z에게 마음을 쓰오니 축복해 주소서"라는 기도이기도 합니다. 기도하는 이는 자신의 염려를 하느님의 처분에 내어 맡기며 X와 Y와 Z에게 선한 일이 일어나리라 확신합니다. 하지만 그렇다고 해서 하느님의 은총이 그들에게 복을 내리는 데서 멈출 거라 믿지는 않을 것입니다. 하느님께서는 우리가 구체적인 바람을 솔직히 아뢰고, 그 바람을 하느님의 더 큰 목적 안에서 다시 바라보기를 원하십니다. 이것이 예수께서 가르치신 하느님의 뜻이었습니다. 그러니 우리가 아는 사람들의 이름을 마음에 품고 하느님께 아뢴다고 해서 그분이 그들만 돌보신다고 생각할 필요는 없습니다.

(2) 교회 안팎에서 드리는 기도가 기도하는 사람을 넘어 세상에서 실제로 변화를 일으킨다고 믿어도 될까요?

앞에서 말했듯 기도와 삶이 서로 얽혀 있다면, 우리는 "기도는 어떤 유익을 주는가?"가 아니라 "기도하는 그리스도인은 어떤 선을 이루는가?"라고 바꾸어 물어야 합니다. 기도하는 그리스도인은 하느님과의 교제에 기도로 참여합니다. 그 교제는 말뿐으로 그치지 않고 삶의 행동과 지향을 아우릅니다. 그리스도교 역사에는 수많은 실패와 추문이 있었습니다. 하지만 그럼에도 불구하고 그리스도를 닮아 가는 인생을 적지 않게 빚어내며 오랜 세월에 걸쳐 영향력을 이어 왔습니다. 기도를 하느님의 사랑에 참여하는 데 없어서는 안 될 요소로 삼아온 그리스도인들 덕분에 말이지요. 기도가 실제로 사람을 바꾸고 공동체를 움직여 온 수많은 사례는 주님께서 약속하신 기도의 힘이 결코 헛되지 않음을 분명하게 보여 줍니다.

요즈음 서구에서는 관상으로서의 기도에 대한 관심이 높아지고 있습니다. 많은 이가 관상을 수행하려고 동양 종교도 눈을 돌리기도 했지요. 안타깝지만, 어느 정도 이는 교회가 오랫동안 그리스도교의 고유한 관상 전통을 소홀히 한 결과이기도 합니다. 그러나 관상을 추구하는 이들이든 비판하는 이들이든 쉽게 알아차리지 못하는 사실이 있습니다. 바로 관상은 하느님께서 주시는 내면의 평화를 추구하는 일일 뿐만 아니라, 중보를 통해 밖으로 나아감으로써 하느님의 사랑을 나누게 되는 일이라는 것입니다. 토머스 머튼Thomas Merton 같은 관상 수도자는 영혼이 세상에서 물러나 하느님의 생명으로 들어가는 길은 곧 세상의 중심으로 들어가는 길이기도 하다고 이야기합니다. 그렇기에 교회에서 다시 회복되고 있는 관상의 움직임은 세상을 돌보고 섬기는 일을 새롭게 변화시키는 데 크게 이바지할 것입니다.

중보intercession에 대해 특별히 덧붙입니다. 교회는 하느님의 이름으로 세상에 말하고, 세상의 어둠과 좌절 한가운데서 하느님께 말하도록 부르심을 받은 공동체입니다. 아름다운 예배당과 감미로운 음악 속에서 드리는 기도는 사람들이 일하고, 일자리를 잃고, 슬퍼하고, 굶주리고, 아프고 죽어가는 자리에서도 함께 울려 퍼져야 합니다. 예수께서 보여 주셨듯, 하느님의 사랑에 가까운 자리란 세상의 어둠에 가까운 자리입니다. 바로 그곳이 기도의 자리입니다.

이 책 첫 번째 부분에서는 예수의 기도를 다룹니다. 예수는 그리스도인에게 기도를 가르쳐 주는 스승이십니다. 나아가 새롭게 기도할 능력이 되어 주는 분이시기도 합니다. 그분이 드린 기도는 우리 기도의 원천입니다. 그분의 기도는 아버지와 나누는 대화이며, 그 대화는 그분의 삶과 죽음으로 드러난 순종으로 이루어져 있습니다. 그 기도는 하늘의 세계에 속해 있는 동시에 우리가 살아가는 어두운 땅의 세계 한가운데 자리하고 있습니다.

제1부

# 예수께서 드리신 기도

그리스도인은 예수의 기도에서 영감을 길어 올려 기도합니다. 성령의 활동에 힘입어 예수의 기도를 자신의 기도로 삼습니다. 사도 바울은 이를 생생한 언어로 전해 줍니다.

여러분이 받은 성령은 여러분을 다시 노예로 만들어서 공포에 몰아넣으시는 분이 아니라 여러분을 하느님의 자녀로 만들어 주시는 분이십니다. 그래서 우리는 그 성령에 힘입어 하느님을 "아빠, 아버지!"라고 부릅니다. 바로 그 성령께서 우리가 하느님의 자녀라는 것을 증명해 주십니다. 또 우리의 마음속에도 그러한 확신이 있습니다. 자녀가 되면 또한

상속자도 되는 것입니다. 과연 우리는 하느님의 상속자로
서 그리스도와 함께 상속을 받을 사람입니다. 우리가 그리
스도와 함께 고난을 받고 있으니 영광도 그와 함께 받을 것
이 아닙니까? (로마 8:15~17)

여기서 우리는 예수께서 드리신 기도를 채우고 있는 새로운
친밀함이 그리스도인이 드리는 기도로 어떻게 흘러가는지
를 봅니다.

　어떤 학자들은 예수께서 기도하실 때 어린아이가 사용하
는 호칭인 아빠Abba를 쓴 것이 전례 없는 일이라고 이야기합
니다. 학자 요아킴 예레미아스Joachim Jeremias가 대표적인 경우
지요. 하지만 이에 의문을 제기하는 학자들도 있습니다. 당
시에 은사 중심적이었던 유대인들도 그 단어를 사용한 증거
가 있기 때문입니다. 하지만 유대인이 평소에 집이나 회당
에서 기도하며 하느님을 그처럼 친밀하게 부르지 않았다는
사실만큼은 확실합니다. 하느님은 민족 전체의 왕이자 아버
지셨지, 각 사람의 친근한 아버지는 아니었습니다. 아빠라
는 어휘를 차치하더라도, 예수께서는 "아버지"이신 하느님
께 자연스레 기도하셨습니다. 가르치실 때도 하느님을 "아
버지"나 "내 아버지"라고 부르셨고, 제자들 앞에서도 "너희

아버지"라고 말씀하셨습니다. 그러실 때마다 무언가 새롭고 창조적인 일이 일어나고 있었습니다. 예수께서는 "내 아버지"를 말씀하셨고, 그 아버지가 제자들에게 "너희 아버지"이심을 밝히셨습니다. 이로 미루어 보아 그분의 고유한 아들됨은 매우 독특합니다. 우리는 제자들의 자녀됨이 하느님께서 그들을 자녀 삼으신 결과이자, 예수의 아들됨에서 파생된 것임을 알 수 있습니다.

그러므로 우선 예수의 기도를 살피고, 이어서 초기 그리스도인들의 기도도 살펴보도록 하겠습니다. 예수께서 제자들에게 어떻게 기도를 가르치셨는지는 모든 시대에 중요합니다. 오늘 우리가 어떻게 기도해야 하는지도 거기에 담겨 있지요. 그리고 그분이 친히 기도하셨던 방식에는 한층 더 특별한 의미가 있습니다. 그분의 기도가 우리의 기도를 빚어내고 지탱하기 때문입니다.

복음서가 기록된 목적은 성인의 생애를 다루는 전기와 달리, 그분의 영적 생활을 묘사하는 데 있지 않습니다. 복음서 전승들은 오히려 예수의 사명에 초점을 맞춥니다. 예수께서는 가르침과 놀라운 일들을 통해 하느님 나라를 선포하시고, 고난받으시고, 죽임당하십니다. 복음서 속 많은 사건을 보면 이 사명은 예수와 아버지 하느님 사이의 관계라는 맥락 속에 있습니다. 그리고 이 관계에서 기도는 매우 중요한 자리를 차지합니다. 예수께서 기도하시는 장면은 공관복음에 모두 등장하지만, 특별히 이를 강조하는 복음서 저자는 루가입니다. 그는 공적 생활 중 결정적인 순간마다 예수께서 기도하셨다고 전하고 있지요. 또한 공관복음은 모두 예수께서 겟세마네 동산에 머무르시며 극심한 괴로움 가운데 기도하셨다고 전합니다.

예수께서 공적 생활 가운데 드리신 기도에 대해 마르코가 전하는 내용은 그리 많지 않지만 의미심장합니다. 그가 전하는 두 일화에서 기도는 예수의 가르침과 치유 활동의 원천으로 묘사됩니다. 첫 일화는 갈릴래아에서의 활동을 서술하는 도입부에 등장합니다.

> 아주 이른 새벽에, 예수께서 일어나서 외딴곳으로 나가셔서, 거기에서 기도하고 계셨다. 그 때에 시몬과 그의 일행이 예수를 찾아 나섰다. 그들은 예수를 만나자 "모두 선생님을 찾고 있습니다" 하고 말하였다. 예수께서 그들에게 말씀하셨다. "가까운 여러 고을로 가자. 거기에서도 내가 말씀을 선포해야 하겠다. 나는 이 일을 하러 왔다." (마르 1:35~38)

예수께서 이른 새벽마다 그날 하실 일을 마음으로 품고 기도하셨을 거라는 추론은 타당해 보입니다. 이는 또 다른 일화에서도 분명히 드러나지요. 마르코 복음서 9장을 보면 예수께서는 산상변모 이후 돌아오셔서 악령이 들려 고통당하고 있는 아이를 치유하기 위해 애쓰고 있는 제자들을 보십니다. 제자들의 노력이 허사로 돌아가자, 예수께서 그들에게 말씀하셨습니다.

기도하지 않고서는 그런 것을 쫓아낼 수 없다. (마르 9:29)

위의 두 본문은 제자들과 마찬가지로 예수께도 기도가 하느님의 일을 이루는 데 있어 핵심 요소였다는 사실을 보여줍니다.

루가는 예수께서 수난에 앞서 공적 생활을 하시는 가운데 결정적인 순간마다 기도하셨다고 전합니다.

사람들이 모두 세례를 받고 있을 때 예수께서도 세례를 받으시고 기도를 하고 계셨는데 홀연히 하늘이 열리며 성령이 비둘기 형상으로 그에게 내려오셨다. 그리고 하늘에서는 "너는 내가 사랑하는 아들, 내 마음에 드는 아들이다" 하는

소리가 들려왔다. (루가 3:21~22)

그 무렵에 예수께서는 기도하시려고 산에 들어가 밤을 새우시며 하느님께 기도하셨다. 날이 밝자 예수께서 제자들을 불러 그중에서 열둘을 뽑아 사도로 삼으셨다. (루가 6:12~13)

이 말씀을 하신 뒤 여드레쯤 지나서 예수께서는 베드로와 요한과 야고보를 데리고 기도하러 산으로 올라가셨다. 예수께서 기도하시는 동안에 그 모습이 변하고 옷이 눈부시게 빛났다. (루가 9:28~29)

예수께서 하루는 어떤 곳에서 기도를 하고 계셨다. 기도를 마치셨을 때 제자 하나가 "주님, 요한이 자기 제자들에게 가르쳐 준 것같이 저희에게도 기도를 가르쳐 주십시오" 하고 말하였다. (루가 11:1)

대부분의 장면에서 루가는 예수께서 구체적으로 어떤 사안을 두고 어떻게 기도하셨는지 말해 주지 않습니다. 하지만 그 기도들이 각 사건을 아버지와 나누는 지속적 친교 가운데 이루어지도록 이어 주는 자리였다는 점만큼은 분명합니다.

그분의 사명은 아버지 하느님과의 친밀한 교제 가운데 이루어집니다. 세례를 받으시며 아들로 거룩하게 확증되신 때부터, 죽임당하시며 아버지 하느님께 자신을 온전히 맡기심으로써 아들됨을 친히 다시 확증하시기까지 그러합니다. 그분이 하신 기도의 중심에는 늘 주의 기도(주기도문)를 통해 제자들에게 가르치신 주제들, 즉 아버지의 나라와 이름과 뜻이 있었습니다.

이제 예수께서 기도하시며 사용하신 말씀을 보여 주는 복음서의 대목들을 살펴봅니다. 먼저 살펴볼 부분은 대감사기도Great Thanksgiving라는 이름으로 익숙한 일화입니다. 마태오 복음서와 루가 복음서가 함께 이어받아 전하고 있지요. 마태오 복음서(11장)에서는 이 기도가 세례자 요한과 관련해 예수의 여할을 설명하는 가르침의 절징에 놓여 있습니다. 루가 복음서(10장)의 경우 이 일화는 일흔두 사람이 사명을 마치고 돌아온 다음에 나옵니다. 여기서 루가는 예수께서 성령 안에서 기뻐하시며 찬미의 말씀을 하셨다고 이야기합니다. 먼저 마태오 복음서를 볼까요.

하늘과 땅의 주인이신 아버지, 안다는 사람들과 똑똑하다는
사람들에게는 이 모든 것을 감추시고 오히려 철부지 어린아

이들에게 나타내 보이시니 감사합니다. 그렇습니다. 아버
지! 이것이 아버지께서 원하신 뜻이었습니다. (마태 11:25~26,
루가 10:21 참조)

이어서 아버지와 아들의 관계를 이야기하십니다.

아버지께서는 모든 것을 저에게 맡겨 주셨습니다. 아버지
밖에는 아들을 아는 이가 없고 아들과 또 그가 아버지를 계
시하려고 택한 사람들밖에는 아버지를 아는 이가 없습니다.
(마태 11:27, 루가 10:22 참조)

이 말씀은 하나의 기도를 넘어, 아들과 아버지의 연합을 선
언합니다. 이 선언이 예수께서 하시는 모든 기도의 밑바탕
입니다. 이 말씀은 예수께서 하느님의 아들이시라는 고도로
발전된 교리를 천명합니다. 이 때문에 일부 학자들은 이 말
씀이 후대에 발전한 전승을 반영하며, 헬레니즘의 영향 아래
기록되었을 것이라고 보기도 합니다. 어떤 학자들은 이 말씀
이 문화적으로 철저하게 셈족다우며, 셈족 특유의 부자 관계
를 나타낸다고 이야기합니다. 이들에 따르면 이 말씀은 "아
버지가 자기 아들을 알듯 아들은 자기 아버지를 알고, 아들

은 자신이 원하는 사람에게만 아버지에 대해 알려 준다"라는 뜻을 지니고 있습니다. 이런 관점으로 보면 이 말씀은 교리라기보다는 부자 관계에 대한 일종의 유비입니다. 어떻게 이해하든지 아버지와 아들 사이의 깊은 친밀감을 말해 준다는 점에는 변함이 없습니다. 예수께서는 바로 이 친밀감에 둘러싸여 자신의 사명을 이루어 가십니다.

만찬 자리에서 시몬에게 말씀하시는바, 예수께서는 제자들의 믿음이 무너지지 않도록 아버지께 기도해 오셨습니다.

> 시몬아, 시몬아, 들어라. 사탄이 이제는 키로 밀을 까부르듯이 너희를 제멋대로 다루게 되었다. 그러나 나는 네가 믿음을 잃지 않도록 기도하였다. 그러니 네가 나에게 다시 돌아오거든 형제들에게 힘이 되어 다오. (루가 22:31)

실제로 이후 제자들의 믿음은 무너졌습니다. 하지만 더 깊은 차원에서 다시 회복되었지요. 그렇다면 아버지께서는 예수의 요청에 이렇게 응답하셨던 것일 수 있습니다. 제자들의 충실함이 무너지도록 허락하신 것이지요. 이 실패를 통해 그들이 자기 자신에게 의존하는 데서 벗어나 자유롭게 되고, 자기를 진정으로 부인하는 믿음에 이르게 되리라 그분은 확신하셨습니다.

만찬 후에는 겟세마네 동산에서의 장면이 이어집니다. 여기서 예수는 극심한 괴로움 가운데 기도하십니다. 잔이 치워지기를, 아버지 하느님의 뜻이 이루어지기를 간구하십니다. 그분 곁에는 함께 있어 주기를 바라며 택하신 세 제자가 있었습니다. 하지만 그들은 깨어 기도하라는 명령을 받았으면서도 잠들어 버리고 말지요. 이 일화는 공관복음에 빠짐없이 등장합니다. 마르코는 이렇게 기록합니다.

그들은 겟세마네라는 곳에 이르렀다. 예수께서 제자들에게 "내가 기도하는 동안 여기 앉아 있어라" 하시고 베드로와 야고보와 요한만을 따로 데리고 가셨다. 그리고 공포와 번민에 싸여서 "내 마음이 괴로워 죽을 지경이니 너희는 여기 남아서 깨어 있어라" 하시고는 조금 앞으로 나아가 땅에 엎드려 기도하셨다. 할 수만 있으면 수난의 시간을 겪지 않게 해 달라고 하시며 "아버지, 나의 아버지! 아버지께서는 무엇이든 다 하실 수 있으시니 이 잔을 나에게서 거두어 주소서. 그러나 제 뜻대로 마시고 아버지의 뜻대로 하소서" 하고 말씀하셨다. 이렇게 기도하시고 나서 제자들에게 돌아와 보시니 그들은 자고 있었다. 그래서 베드로에게 "시몬아, 자고 있느냐? 단 한 시간도 깨어 있을 수 없단 말이냐? 유혹에 빠지지 않도록 깨어 기도하여라. 마음은 간절하나 몸이 말을 듣지 않는구나!" 하시고 다시 가서서 같은 말씀으로 기도하셨다. 그리고 다시 돌아와 보시니 그들은 여전히 자고 있었다. 그들은 너무나 졸려 눈을 뜨고 있을 수가 없었던 것이다. 그들은 무슨 말을 해야 할지 몰랐다. 예수께서는 세 번째 다녀오서서 "아직도 자고 있느냐? 아직도 쉬고 있느냐? 그만하면 넉넉하다. 자, 때가 왔다. 사람의 아들이 죄인들 손에 넘어가게 되었다. 일어나 가자. 나를 넘겨줄 자가 가까이 와 있다" 하고 말씀하셨다. (마르 14:32~42)

여기에는 아버지를 향한 예수의 맹목적인 순종이 아니라 (신영어성경New English Bible의 표현을 빌자면) "공포와 실망", 두려움에 오그라든 마음과 담담히 받아들이는 태도가 괴로움 가운데 뒤섞여 있습니다. 그런데 유일한 목격자인 제자들이 잠든 상황에서 예수께서 하신 기도는 어떻게 알려지고 기록되었을까요? 제자들은 시련을 앞두고 움츠러든 예수의 모습을 보았고 이를 겟세마네 기도를 이루는 말씀으로 표현했을지 모릅니다. 일부는 구약성서에서 표현을 빌리고, 또 일부는 주의 기도에서 "아버지의 뜻이 이루어지게 하소서"를 가져오는 식이지요. 예수께서 이처럼 괴로워하셨다는 전승은 히브리인들에게 보낸 편지 5장 7절과 요한 복음서 12장 27절에도 나타납니다. 이 본문들은 예수를 연약함 가운데 우리와 함께하시는 분으로 그립니다. 이 연약함은 도덕적 나약함이 아니라 몸의 예민함과 연약함이 분명합니다. 동시에 이 본문들은 예수를 아버지와 함께하시는 분으로 묘사하기도 합니다. 그분은 아버지 하느님의 뜻을 향해 몸과 마음을 다하여 돌이키심으로써 아버지와 함께하십니다. 예수는 괴로움에 휩싸여 있는 와중에도 여전히 제자들을 돌보는 목자이십니다. 그분은 목자의 발걸음으로 다가가 말씀하십니다. 깨어 기도하기를 바라십니다. 그들이 저마다 시험을 마주할 때 그 시험에서 벗어나기를 간절히 바라셨기 때문입니다. 이후 초기 교회는 깨어 기도하라는 주제를 반복해 강조했으며, 때로는 주님의 재림이라는 결정적 시기와 연결해 말하기도 했습니다.

아래의 히브리인들에게 보낸 편지 구절은 예수께서 겪으신 극심한 괴로움을 기억하게 만듭니다.

예수께서는 인간으로 이 세상에 계실 때에 당신을 죽음에서 구해 주실 수 있는 분에게 큰소리와 눈물로 기도하고 간구하셨고 하느님께서는 당신을 경외하는 마음을 보시고 그 간구를 들어주셨습니다. 예수께서는 하느님의 아들이셨지만 고난을 겪음으로써 복종하는 것을 배우셨습니다. 그리고 완전하게 되신 후에 당신에게 복종하는 모든 사람을 위해서 영원한 구원의 근원이 되셨으며 하느님께로부터 멜기세덱의 사제 직분을 잇는 대사제로 임명받으셨습니다. (히브 5:7~10)

두 가지 오해는 피해야 합니다. "복종하는 것을 배우셨습니다"라는 말은 그분이 배워서 순종하게 되셨다는 뜻이 아닙니다. 히브리인들에게 보낸 편지는 예수께서 세상에 오실 때부터 이미 순종하셨음을 분명히 해 두기 때문입니다. 그보다서 구절은 그분이 순종하며 싸안아야 할 의미를 온전히 새기셨다는 뜻으로 읽어야 합니다. 그다음 "완전하게 되신"이라는 말도 "도덕적으로 완전해지셨다"라는 뜻이 아닙니다. 히브리인들에게 보낸 편지에서 "완전함"은 특별한 의미를 갖습니다. 이 개념은 "특수한 역할을 맡기에 합당하게 된 상태"를 뜻합니다. 이 구절에 등장하는 특수한 역할은 하늘에 속한 사제직입니다.

이제 우리는 겟세마네 동산에서 골고다 언덕으로 나아갑

니다. 이 자리에서 마르코는 처참하기 짝이 없는 예수의 기도를 글로 새겼고, 마태오도 이를 따랐습니다.

> 낮 열두 시가 되자 온 땅이 어둠에 덮여 오후 세 시까지 계속되었다. 세 시에 예수께서 큰소리로 "엘로이, 엘로이, 레마 사바타니?" 하고 부르짖으셨다. 이 말씀은 '나의 하느님, 나의 하느님, 어찌하여 나를 버리셨나이까?'라는 뜻이다.
>
> (마르 15:33~34)

마르코는 예수의 죽음을 물리적인 어둠과 영적인 고립 가운데 벌어지는 사건으로 그려 냅니다. 이미 모든 제자가 그분을 버린 듯합니다. 함께 십자가에 매달린 두 사람도 그분에게 욕지거리를 퍼붓습니다. 백성과 지도자들은 조롱하기 바쁩니다. 그분은 철저하게 혼자입니다. 지금, 이 순간 외로움에 처박힌 채 절규하십니다.

> 하느님, 어찌하여 나를 버리셨나이까?

예수께서는 시편 22편을 여는 구절을 되뇌십니다. 이 시편은 하느님께 버림받은 자의 처참한 탄식으로 시작하지만 승리의 확언으로 나아가지요. 그래서 어떤 이들은 예수께서 저 구절을 되뇌시며 시편 전체 내용을 염두에 두고 계셨을 거라 짐작하기도 합니다. 버림받음에 못지않게 승리를 떠올리셨을 거라고 말이지요. 그러나 이 장면에서 마르코는 한 점의 위로 없이 이어지는 어둠과 외로움만을 보여 줍니다. 그러므로 이 부르짖음은 철저한 버림받음을 드러내는 것일지 모릅니다. 그렇게 예수께서는 세상의 밑바닥, 하느님으로부터 단절을 겪는 곳, 아버지에게서 가장 먼 곳까지 들어가셨습니다. 하느님의 사랑이 바로 그렇게 그분을 밑바닥까지 이끌어 갑니다. 그리하여 마르코가 버림받은 순간으로 그린 부분을 요한은 영광의 시간으로 그려 냅니다.

마르코와 마태오는 소리 내어 읽기 힘들 정도로 처량한 기도만을 이야기해 줍니다. 이와 달리 루가는 십자가에 달리신 예수께서 주변에 있는 이들에게 자비롭게 다가가시는 모습을 서술하여 고립감을 덜어 냅니다. 골고다 언덕에 오르신 예수의 다른 기도들을 말해 주기도 하지요. 루가 복음서에서 예수께서는 자신을 십자가에 못 박는 군인들을 위해 아버지께 자비를 베풀어 달라고 기도하십니다.

아버지, 저 사람들을 용서하여 주십시오! 그들은 자기가 하

는 일을 모르고 있습니다. (루가 23:34)

그들의 무지는 불쌍히 여길 일입니다. 그들은 예수의 하느님의 아들됨도, 예수와 자신들이 공유하는 인간다움에 대해서도 알지 못합니다. 인간다움이 무엇인지 알지 못하니 인간을 물건처럼 다룹니다. 예수께서는 바로 이 맹목적이고 어두운 무지의 밑바닥까지 아버지의 자비로운 손길이 닿기를 바라십니다. 이윽고 루가는 예수께서 버림받아 부르짖으시는 장면은 생략하고, 죽음을 맞이하는 가운데 당신을 아버지께 맡기시는 모습을 그립니다.

아버지, 제 영혼을 아버지 손에 맡깁니다! (루가 23:46)

처음부터 끝까지 예수께는 아버지를 따르는 순종, 아버지께 드리는 감사, 아버지와 나누는 친밀감이 새겨져 있습니다.

마르코가 전하는 버림받음의 기도가 수난의 누구와도 나눌 수 없이 고립된 측면을 보여 준다면, 루가가 전하는 기도는 제자 된 그리스도인들이 그 수난을 함께 나누는 측면을 보여 줍니다. 그래서 루가가 쓴 사도행전에서 최초의 순교자 스데파노는 주님께서 그러하셨듯 자신을 죽이는 이들을 위해 기도합니다.

주님, 이 죄를 저 사람들에게 돌리지 마십시오. (사도 7:60)

그리고 또다시 예수와 마찬가지로 그는 자신의 영혼을 아버지께 맡깁니다. 그렇게 사람의 아들이신 예수께서 죽음의 순간에 보여 주신 바를 따른 스데파노는 죽어가면서 영광 가운데 서 계신 사람의 아들을 봅니다(사도 7:55~60).

지금까지 공관복음 속 전승들이 전하는 예수의 기도를 살펴보았습니다. 이 복음서들이 전하는 예수의 기도는 인간의 좌절을 함께하면서도 깊은 차원에서 아버지와 하나 된 이의 기도입니다. 한편, 요한은 예수의 기도를 아버지 하느님께 영광을 드리는 활동으로 이해합니다. 그 영광은 하늘 저편에 속하는 동시에 여기 땅 위에서의 고난과 죽음을 통해 밝히 드러나지요(이점은 나중에 살펴보도록 하겠습니다).

# 제자들을 가르치심

예수께서는 제자들에게 기도에 관해 무엇을 가르치셨을까요? 그 가르침은 어떤 방식으로 이루어졌을까요? 이와 관련해 공관복음은 많은 것을 알려 줍니다. 그리고 요한 복음서는 그 가르침의 의미를 해석해 주는 역할을 합니다.

예수께서 제자들에게 주의 기도를 가르치신 일은 두 가지로 기록되어 있습니다. 마태오 복음서에서는 산상수훈 중에 가르치십니다. 반복해서 길게 기도해야 하느님께서 감동하신다고 믿는 사람들이 있었고, 예수께서는 이들의 장황하고 번잡한 기도를 개탄하십니다. 그리고 듣는 이들에게 간략하면서도 중요한 주제를 담은 기도의 본보기를 주십니다. 루가 복음서의 기록은 다릅니다. 여기서는 예수께서 홀로 기도하고 계시며, 기도를 마치시자 제자들이 다가와 기도하는 법을 가르쳐 달라고 요청합니다. 두 장면 모두 기도를 가르쳐 주시는 주님의 모습을 생생히 떠올리게 합니다. 두 복음서가 전하는 주의 기도는 표현이 조금 다릅니다. 다음은 개정표준판Revised Standard Version에 따른 본문입니다.

하늘에 계신 우리 아버지,

그 이름을 거룩하게 하여 주시며,

그 나라를 오게 하여 주시며,

그 뜻을 하늘에서 이루심 같이,

땅에서도 이루어 주십시오.

오늘 우리에게 필요한 양식을 내려 주시고,

우리가 우리에게 죄지은 사람을 용서하여 준 것 같이

우리의 죄를 용서하여 주시고,

우리를 시험에 들지 않게 하시고,

악에서 구하여 주십시오. (마태 6:9~13)


아버지,

그 이름을 거룩하게 하여 주시고,

그 나라를 오게 하여 주십시오.

날마다 우리에게 필요한 양식을 내려 주십시오.

우리의 죄를 용서하여 주십시오.

우리에게 빚진 모든 사람을 우리가 용서합니다.

우리를 시험에 들지 않게 하여 주십시오. (루가 11:2~4)

먼저 눈에 띄는 점은, 개정표준판에는 우리가 외우는 "나라와 권세와 영광이 영원토록 아버지의 것입니다"라는 송영 doxology이 두 본문 어디에도 나오지 않는다는 사실입니다. 이 송영은 중요한 그리스어 사본들에서 빠져 있습니다. 원래는 주의 기도를 이루는 부분이 아니었을 확률이 높으며, 초기 교회에서 예배드릴 때 주의 기도를 사용하다 덧붙인 것으로 보입니다. 감사로 기도를 마무리하는 깃은 유대인들의 관례였고, 초기 그리스도인들도 같은 관례를 따랐을 가능성이 높습니다. 어떤 면에서는 주의 기도 자체가 감사로 가득 차 있다고 할 수 있지요.

마태오 복음서와 루가 복음서 본문 사이에도 눈에 띄는 차이가 있습니다. 이 차이를 어떻게 받아들여야 할까요? 루가 복음서의 기록은 간결합니다. 마태오 복음서의 기록은 더 길고 유대교 전례 표현을 포함합니다. 두 기록은 각각 유대 그리스도인 공동체와 이방 그리스도인 공동체가 사용한 기도문을 반영했을 수 있습니다. 혹은 마태오 복음서 본문이 원형이고, 루가는 이방 그리스도인을 위해 이를 축약했을지 모릅니다. 그러나 루가 복음서 본문이 원형이고, 마태오가 유대인이 이해할 수 있는 표현을 덧붙여 확장했을 가능성이 더 높습니다. 앞서 살펴본 바와 같이 예수께서는 한 단어로 된 호칭인 아버지Father라는 말을 자주 사용하셨는데, 루가 복음서가 그 호칭을 그대로 사용하고 있지요.

그렇다면 주님께서 하신 기도의 정확한 원문을 알 수 없다는 사실에 실망해야 할까요? 꼭 그렇지는 않습니다. 예수께서 하신 말씀을 직접 들은 사람들에게는 단어 하나하나가 특별했을지 모르지만, 오늘 우리에게는 그 문장을 그대로 아는 것이 아니라 그 기도에 담긴 주제들을 아는 것이 더 중요합니다. 마태오 복음서의 기록을 보십시오. 예수께서는 "이렇게 기도하여라"라고 말씀하십니다. 그리고 우리는 그 말씀대로 마음과 정신과 상상력을 모아 아버지 하느님과 그분의 나라, 그분의 뜻, 오늘 필요한 양식, 죄의 용서, 악에서의 구원이라는 주제에 집중해 기도할 수 있습니다. 그렇게 기도하면, 우리 개인의 필요와 인류 전체의 문제들이 단순히 '내가 해결해야 할 일'로만 보이는 것이 아니라, 하느님께서 세상을 향해 품고 계신 큰 목적 안으로 들어가게 됩니다. 나라와 영광이 하느님께 있다는 믿음 가운데 우리의 삶과 필요는 올바른 자리를 찾게 됩니다. 주님께서 말씀하십니다. "이렇게 기도하여라."

## 아버지

두 복음서는 이 주제를 조금 다르게 다룹니다. 루가 복음서에서 예수께서는 한 단어, "아버지"라고만 하시는데, 이는 그분이 아버지 하느님과 나누시는 친밀감을 떠올리게 합니다. 제자들은 그 친밀감 속에서 기도하는 법을 배우고 있습니다. 마태오 복음서의 호칭 "우리 아버지"는 이 기도를 드리는 제자들이 공동체임을 드러냅니다. 또한 "하늘에 계신"이라는 표현은 하느님의 초월성에 대한 유대 전통의 감각을 새롭게 이어갑니다. 이처럼 두 복음서가 전하는 주의 기도는 모두 기도의 의미를 돌아보게 하며 시작합니다. 마음과 정신과 상상력을 모아 하느님의 주권과 자비, 그리고 당신 백성을 향한 돌보심을 깊이 되새기며 기도를 시작하는 것이지요. 하느님께 요청을 드리기에 앞서, 우리는 말씀하시는 하느님께 귀를 기울여야 합니다.

**아버지의 이름을 거룩하게 하소서**

이 구절은 기도하는 이의 삶과 모든 인류의 삶, 나아가 창
조된 세상 전체가 아버지 하느님의 이름에 영광을 드리게 합
니다. 그리고 제자들의 응답을 통해 아버지께서 당신의 이름
을 드러내시고 거룩하게 하시기를 간구합니다.

**아버지의 나라**

이 구절을 통해 제자들은 하느님의 영원한 통치를 깊이
묵상하고, 그 통치가 세상에서 실현되기를 청합니다. 예수의
사명도 바로 하느님의 통치를 선포하는 것이었습니다. 그분
의 놀라운 행적과 가르침은 하느님의 나라가 가까이 왔음을,
어쩌면 이미 임하였음을 증언합니다. 물론 제자들에게는 여
전히 개인적인 갈망과 열망이 있습니다. 예수께서는 품고 있
는 바를 아버지 하느님께 아뢰라고 여러 차례 가르치시며 격
려하십니다. 그러나 무엇보다도 앞서 "아버지의 나라"가 오
고 "아버지의 뜻"이 이루어지기를 청해야 한다고 강조하십
니다. 이로써 제자들은 자기 갈망과 필요를 아버지 하느님과
그분의 나라로 이어지는 행로 안에서 분별하고 검토하는 법
을 배워 나갑니다.

## 날마다 우리에게 필요한 양식

"날마다"daily로 번역된 그리스어 단어는 "내일을 위한"for tomorrow을 뜻할 가능성이 높습니다. 어떤 학자들은 이 그리스어 단어가 원래 "오늘과 내일을 위한"for today and tomorrow을 뜻하는 아람어 구절이었다고 보기도 하지요. 즉, 제자들은 이 문구를 통해 하느님께서 선한 섭리로 자신들이 처한 형편을 바로잡아 주시기를 간구합니다. 궁핍에 빠지지 않고, 미래에 대한 근심에서 자유로워지기 위해서 말이지요. 그러나 이 간구가 하느님의 나라와 의righteousness라는 맥락 가운데 이루어지고 있음을 잊어서는 안 됩니다. "우리"라는 단어는 가까운 이웃은 물론, 멀리 있는 동료 인간 모두를 아우릅니다. 이 기도는 이기성을 벗어나 남을 가족처럼 대하고 불쌍히 여기는 마음으로 드리는 것입니다.

예레미아스와 몇몇 학자들은 주의 기도가 말하는 내일과 양식이 장차 다가올 시대와 생명의 빵인 하늘의 양식을 가리킨다고 보았습니다. 예레미아스의 경우 이러한 종말론적 해석을 강조하면서도, 이 기도가 날마다 마주하는 일상의 필요를 배제하지 않는다고 말합니다. 그러니 이 기도는 단순히 오늘 먹을 양식만을 구하는 기도가 아니라, 하느님께서 장차 완성하실 새 시대의 생명과 힘을 지금 여기의 삶에서 느끼고 경험하게 해 달라는 기도라 할 수 있습니다.

## 우리를 용서하소서

하느님께 용서를 구할 때, 다른 사람을 용서할 때만 그리해 주신다는 사실을 우리는 알고 있습니다. 남을 용서하지 않는다면 하느님께서 해 주시는 용서도 기대하지 말아야 합니다. 어쩌면 우리가 하느님께 가장 먼저 용서를 구해야 할 것은 다른 사람을 용서하지 못하는 우리의 굳은 마음입니다. 그리고 이를 인정하는 것이야말로 우리가 내디뎌야 할 회개의 첫걸음입니다.

마태오 복음서의 경우, 여기에 한 가지 주제를 더합니다. 바로 유혹과 악의 문제입니다.

## 우리를 유혹에 빠지지 않게 하시고 악에서 구하소서

사람은 누구나 유혹을 겪습니다. 예수께서도 지상의 삶 가운데 유혹을 받으셨습니다. 여기서 사용된 그리스어 단어를 유혹으로만 이해한다면 그 의미는 "우리를 견딜 수 없는 유혹에 빠지지 않게 하소서"일 테지요. 몇몇 교부들이 제안했듯 말입니다. 그러나 이 단어의 더 정확한 의미는 "환난",

곧 메시아 시대가 도래하기에 앞서 일어날 커다란 심판에 가깝습니다. 제자라면 그 심판에서 구원받기를 기도할 것입니다. 악에서 구해 달라는 기도 역시 매우 긴급한 사안입니다. 하느님의 은총에 힘입어 거룩함을 기르고 하느님의 뜻을 이루어 간다면 유혹과 환난 모두 견딜 수 있습니다. 거룩함이 자라나는 계기로 삼을 수도 있습니다. 그러나 악한 자가 환난과 유혹을 이용해 우리를 넘어뜨리려 하면 그때는 위험해집니다. 바로 그 위험에서 보호해 주시기를 기도해야 합니다.

이 말씀들이 실제로 메시아 시대가 오기 전 일어날 환난을 가리킨다면, 이 기도는 오늘을 사는 우리와는 아무런 상관이 없는 것일까요? 그렇지 않습니다. 우리는 하느님의 권능이 언제나 고통과 희생을 통해 세상에 임한다는 사실을 기억해야 합니다. 거룩함을 기르고 그리스도를 닮아 가는 모든 과정 역시 고통과 희생을 통해 일어납니다. 하느님의 은총은 우리의 아픔과 슬픔을 놀라운 성장과 변화의 계기로 바꿀 수 있습니다. 그렇기에 우리는 고통과 희생이 악한 목적에 쓰이는 도구가 되지 않기를 기도해야 합니다.

## 이렇게 기도하여라

이렇게 주의 기도는 인류의 필요와 고통스러운 갈등을 감싸안아 아버지와 그분의 나라로 들어 올립니다. 이 기도는 예수의 마음과 삶을 깊이 담고 있기에 그리스도인이 이 기도로 기도한다는 것은 단순히 주의 기도를 외우는 것을 넘어 이 기도를 가르쳐 주신 분의 마음과 길을 함께 따르는 것을 의미합니다.

이제 (공관복음 전승에 따르면) 예수께서 제자들에게 기도와 관련해 주신 다른 가르침들을 살펴보겠습니다. 산상수훈 중 주의 기도를 가르치시기에 앞서, 예수께서는 당시의 기도 관행을 두 가지 측면에서 엄중히 비판하십니다(마태 6:5~8). 하나는 앞서 언급한 바와 같이 말을 장황하게 늘어놓으며 기도하는 이들에 대한 비판입니다. 다른 하나는 남에게 주목받고 칭찬받으려고 공개적으로 과시하듯 기도하는 이들에 대한 비판입니다. 이들에 반해 예수께서는 기도를 각자의 집처럼 은밀한 공간에서 드려야 한다고 역설하십니다. 이어지는 설교에서는 확신을 가지고 끈기 있게 기도하라고 가르치십니다.

구하여라, 받을 것이다. 찾아라, 얻을 것이다. (마태 7:7)

루가 복음서의 경우 산상수훈과는 다른 장면에서 이 가르침을 전합니다(마태 7:7~12, 루가 11:9~13).

공관복음에서 예수는 기도할 때 포기하지 않고 계속 구하는 끈기, 믿음, 끝까지 기대하는 마음이 가장 중요하다고 가르치십니다. 대표적인 예는 마르코 복음서에서 볼 수 있습니다. 무화과나무를 저주하신 사건 이후, 벌어진 일에 놀란 제자들에게 예수께서는 이렇게 말씀하십니다.

하느님을 믿어라. 나는 분명히 말한다. 누구든지 마음에 의심을 품지 않고 자기가 말한 대로 되리라고 믿기만 하면 이 산더러 '번쩍 들려서 저 바다에 빠져라' 하더라도 그대로 될 것이다. 그러므로 내 말을 잘 들어 두어라. 너희가 기도하며 구하는 것이 무엇이든 그것을 이미 받았다고 믿기만 하면 그대로 다 될 것이다. 너희가 일어서서 기도할 때에 어떤 사람과 서로 등진 일이 생각나거든 그를 용서하여라. 그래야만 하늘에 계신 너희의 아버지께서도 너희의 잘못을 용서해 주실 것이다. (마르 11:22~25)

여기서도 끈기 있게 기도하라는 가르침은 용서하는 마음을 가져야 한다는 가르침과 연결됩니다.

루가 복음서의 경우, 끈기 있는 기도에 대해 더 자세히 이야기합니다. 앞서 보았듯 루가 복음서 11장에서는 예수께서 기도하신 뒤 제자들이 기도를 가르쳐 달라고 요청하고, 주님은 기도를 가르쳐 주십니다. 그 뒤에는 끈기 있는 기도에 관한 비유와 가르침이 이어지지요(마태오 복음서의 경우 이 가르침은 산상수훈에 포함되어 있습니다). 비유는 한밤중에 친구를 찾아가는 이야기로, 끈기 있게 구하면 성가신 요청도 응답받게 된다는 내용을 담고 있습니다. 이어서 이 말씀이 이어집니다.

> 그러므로 나는 말한다. 구하여라, 받을 것이다. 찾아라, 얻을 것이다. 문을 두드려라, 열릴 것이다. 누구든지 구하면 받고 찾으면 얻고 문을 두드리면 열릴 것이다. 생선을 달라는 자식에게 뱀을 줄 아비가 어디 있겠으며 달걀을 달라는데 전갈을 줄 사람이 어디 있겠느냐? 너희가 악하면서도 자녀에게 좋은 것을 줄 줄 알거든 하늘에 계신 아버지께서야 구하는 사람에게 더 좋은 것 곧 성령을 주시지 않겠느냐?
>
> (루가 11:9~13)

같은 내용을 전하는 본문에서 마태오가 "좋은 선물을 주신다"라고 말하는 부분을 루가는 "성령을 주신다"라고 표현합니다. 자신이 아껴 마지않는 주제 가운데 하나를 택해 강조하는 방향으로 루가가 본문을 다듬은 듯합니다. 성령께서 사도 시대에 하셨던 일을 계속해서 하신다고 믿는다면 성령보다 더 좋은 선물이 없기도 하지요.

이처럼 공관복음 전승에는 기도로 끈기 있게 구하라는 권면과 그 기도가 응답받을 것이라는 확고한 약속이 함께 담겨 있습니다. 그러나 이 모든 가르침의 배경에는 아버지 하느님의 나라와 그분의 뜻이 있습니다. 그러므로 제자 된 그리스도인이 갈망하는 바와 하느님께서 품고 계신 목적 사이에는 늘 긴장이 있기 마련입니다. 이 긴장에 대한 해답은 "예수의 이름으로" 기도하라는 네 번째 복음서의 가르침에서 찾을 수 있습니다.

복음서를 읽다 보면 분명해지는 것이 있습니다. 예수의 기도는 그분이 사명에 순종하는 가운데 아버지 하느님과 맺으시는 온전한 관계에 포함된 한 부분이라는 사실입니다. 마찬가지로 제자들의 기도 또한 의를 추구하는 삶에서 따로 떼어 낼 수 있는 언어 표현이나 감동 체험이어서는 안 됩니다. '아버지'로서의 하느님과 맺는 관계는 우리의 모든 마음가짐과 활동을 아우릅니다. 산상수훈 속 팔복은 하느님과 연결된 삶의 복됨을 말해 줍니다. 즉, 영이 가난한 가운데, 의에 주리고 목마른 가운데, 마음이 깨끗한 가운데, 평화를 위하여 일하는 가운데, 박해를 견디는 가운데 복이 있습니다. 아버지의 자녀로서 그리스도인은 원수를 사랑합니다. 완전하신 아버지와 교제하기에 그리스도인은 완전을 추구합니다. 하느님을 사랑하라는 첫째 계명을 실천하기에 그리스도인은 이웃을 사랑하라는 둘째 계명을 실천합니다. "무엇을 하든지, 모든 것을 주 예수의 이름으로 하라"는 바울의 말은 기도와 사랑으로 순종하는 삶이 무엇인지 분명하게 보여 줍니다. 요한 복음서도 같은 이해를 힘 있게, 예수와 제자들이 삶과 죽음으로 아버지 하느님께 영광을 드리는 모습으로 표현합니다.

한편, 예수께서는 아버지에 대한 순종과 헌신을 분리하는 것에 대해 엄중하게 경고하십니다.

> 너희는 나에게 '주님, 주님!' 하면서 어찌하여 내 말을 실행하지 않느냐? (루가 6:46)

예수께서 이 말씀을 하고 계실 때 군중 속에서 한 여자가 큰

소리로 "당신을 낳아서 젖을 먹인 여인은 얼마나 행복합니까!" 하고 외치자 예수께서는 "하느님의 말씀을 듣고 그 말씀을 지키는 사람들이 오히려 행복하다" 하고 대답하셨다.

(루가 11:27~28)

예수께서 활동하시는 모습을 보고 사람들은 자연스럽게 그분을 따르려 했고, 숭앙했습니다. 하지만 그분은 뜨거운 감정만 있고 삶의 변화나 하느님 나라에 대한 이해가 없는 헌신을 경계하셨습니다. 그분의 관심은 아버지와 아버지의 나라에 모아져 있었기 때문입니다. 물론 예수께서 십자가에서 죽으시고 부활하신 뒤에는 사람들이 그 희생을 통해 드러난 사랑과 아버지의 뜻을 깨닫게 되면서 훨씬 더 깊고 진실하게 그분을 따르게 됩니다. 그러한 면에서 십자가형 이전에 활동하시는 동안 예수께서는 오랜 세월에 걸쳐 그리스도인이 기도해야 할 바의 씨앗을 뿌리셨다고 할 수 있습니다. 씨앗은 있었지만 꽃은 피지 않은 상태였습니다. 꽃이 피려면 예수의 죽음과 부활을 통해 하느님의 나라나 통치의 가장 깊은 의미가 드러나야 했습니다. 성령께서도 활동하셔야 했습니다. 그때, 그분의 권능에 힘입어 제자들은 기도했습니다.

아빠, 아버지.

공관복음이 전하는 기도에 대한 가르침 중 하나는 그리스
도교 교회가 맞이할 부활 이후의 상황을 예고하는 듯합니다
(아니면 그 상황을 맞이하고 기록한 것일 수도 있습니다). 마태오 복
음서 18장에는 교회 공동체의 생활과 규율에 관한 여러 말씀
이 나오는데, 그 가운데 이런 말씀이 있습니다.

내가 다시 말한다. 너희 중의 두 사람이 이 세상에서 마음을
모아 구하면 하늘에 계신 내 아버지께서는 무슨 일이든 다
들어주실 것이다. 단 두세 사람이라도 내 이름으로 모인 곳
에는 나도 함께 있기 때문이다. (마태 18:19~20)

여기서 기도가 응답받을 것이라는 약속은 제자들이 예수의
이름으로 모이는 일과 연결되어 있습니다. 그분의 이름으로
모인 자리의 중심에 예수께서 계시기 때문입니다. 네 번째
복음서는 이 주제들을 더 깊이 다룹니다.

III

# 바울이 드리는 기도

예수의 부활과 오순절의 성령 강림 이후 그리스도인은 공동체를 이루었습니다. 거기서는 기도하고 찬양하는 소리가 끊임없이 울려 퍼졌습니다. 사도행전이 그렇게 그리는데, 이는 단순히 저자의 강조만은 아닙니다. 그 시대에 쓰인 바울의 편지들을 보아도 사도행전의 이런 그림이 실제 현실과 맞아떨어진다는 사실을 확인할 수 있습니다. 바울은 그리스도인들을 "각처에서 우리 주 예수 그리스도의 이름을 부르는"(1고린 1:2) 사람들이라고 부릅니다. 기도는 언제나 감사하는 마음 위에서 이루어졌지만, 바울은 그 기도를 때로 "싸움"(골로 2:1)이라고 부르기도 합니다. 이 표현은 야곱이 밤새 씨름하던 모습과 예수께서 고뇌하시며 겟세마네에서 기도하시던 장면을 떠올리게 합니다.

초기 그리스도인들의 기도를 보면 주의 기도가 다루는 중요한 주제들, 곧 아버지 하느님과 그분의 나라가 어떻게 이어지는지 엿볼 수 있습니다. 이때 "아버지"라는 표현은 새롭고 광범위한 중요성을 지니게 되었습니다. 하느님은 예수의 아버지일 뿐 아니라, 입양된 자녀로서 그리스도인들이 부르는 아버지이기도 했고, 때로는 그냥 '아버지'라고만 해도 모두가 하느님을 떠올릴 정도가 되었지요. 이와 달리 공관복음에서 매우 중요했던 "하느님 나라"라는 표현이 바울 서신에서는 거의 등장하지 않습니다. 다만 바울이 이해한 그리스도인의 기도에는 하느님의 아버지되심과 그분의 주권이 일종의 배경으로 있었습니다.

### 아버지

다르소Tarsus 출신인 사울은 유대인으로서 하느님을 아버지라고 부르며 기도했을 것입니다. 그는 경외와 존경을 받으시는 창조주이시며 의와 자비로 백성을 돌보시는 이스라엘의 아버지 하느님께 기도하던 사람이었습니다. 그런데 그가 그리스도인이 되자 '아버지'라는 말은 그 안에서 완전히 새롭게 되었습니다. 그는 예수께서 사용하셨던 단어, '아빠'Abba를 부르며 기도했습니다. 그리고 그리스도인이 이렇게 기도할 수 있는 이유는 성령이 그 안에서 머물며 자신의 권능으로 그를 기도케 하기 때문이라고 말했습니다.

> 여러분은 또다시 두려움에 빠뜨리는 종살이의 영을 받은 것이 아니라, 자녀로 삼으시는 영을 받았습니다. 그래서 우리는 그 영으로 하느님을 "아빠, 아버지"라고 부릅니다. (로마 8:15)

바울은 이렇게 기도하는 가운데 아버지이신 하느님과 친밀감을 나눕니다. 이 친밀감을 그는 여러 편지에서 세 가지 표현으로 반복해 표현합니다.

> 하느님은 "우리 아버지"이십니다.
> 하느님은 "예수 그리스도의 아버지"이십니다.
> 하느님은 "아버지"이십니다.

여기서 가장 인상적인 표현은 세 번째입니다. 여러 서신을 여는 인사말에 빠지지 않고 등장하는 말이기도 하지요.

**아버지의 나라**

주의 기도에서 또 하나의 핵심 단어인 나라, 즉 하느님 나라는 바울의 글에서는 거의 쓰이지 않습니다. 놀랍게도 하느님 나라라는 표현은 복음서 전승에서는 매우 중요하나 신약성서의 다른 책들에서는 그리 많이 나오지 않습니다. 아마도 이 표현은 예수의 지상 활동과 밀접한 관련이 있는 것으로 보입니다. 그분의 죽음과 부활 이후에는 초기 교회의 중심 언어가 '하느님 나라'에서 부활하신 예수의 주권, 곧 그분의 '주님되심'으로 옮겨갔습니다. 동시에 초기 교회는 하느님 아버지를 더 깊고 가까운 분으로 경험하는 새로운 친밀감도 강조했습니다. 바울 서신이 말하는 "하느님의 나라"는 때로는 미래에 이루어질 나라를, 때로는 현재 실현되고 있는 나라를 가리킵니다. 예수께서 돌아오시는 바로 그날, 하느님께서 그리스도인을 당신의 영원한 나라와 영광으로 부르실 것입니다(1데살 2:12). 그러나 그날이 오기 전까지 하느님의 나라는 지금의 자리에 이미 있습니다. 성령을 통해, 성령 안에서 누리는 정의와 평화와 기쁨으로 말이지요(로마 14:17).

"하느님의 나라"라는 표현이 바울 서신에 자주 등장하지는 않지만, 하느님의 다스리심이 예수의 죽음과 부활을 통해 세상에 강력하게 드러난다는 사실은 분명합니다. 십자가에 달리신 그리스도가 바로 하느님의 권능이요 하느님의 지혜입니다. 그리스도를 전하는 복음이 구원으로 이끄는 하느님의 능력입니다. 바울은 이 세상에 하느님의 주권이 작동하고 있다고 확신했습니다. "능력"이라는 단어를 성령과 복음 선포, 그리고 그리스도인의 삶에 반복해서 적용함으로써 그 확신을 표현하지요. 세상에서 어떠한 시련과 좌절이 일어난다 해도, 그리고 세상을 살아가는 그리스도인들이 고난을 겪을 때도 그분의 주권, 그분께서 다스리신다는 사실은 결코 흔들리지 않습니다. 바울은 로마인들에게 보낸 편지 8장을 마치며 비할 데를 찾을 수 없을 만큼 강렬하게 이 확신을 표현합니다.

누가 감히 우리를 그리스도의 사랑에서 떼어 놓을 수 있겠습니까? 환난입니까? 역경입니까? 박해입니까? 굶주림입니까? 헐벗음입니까? 혹 위험이나 칼입니까? … 그러나 우리는 우리를 사랑하시는 그분의 도움으로 이 모든 시련을 이겨내고도 남습니다. 나는 확신합니다. 죽음도 생명도 천사들도 권세의 천신들도 현재의 것도 미래의 것도 능력의 천신들도 높음도 깊음도 그 밖의 어떤 피조물도 우리 주 그리스도 예수를 통하여 나타날 하느님의 사랑에서 우리를 떼어

놓을 수 없습니다. (로마 8:35~39)

하느님의 다스리심은 "예수가 주님이시다"라는 말로 표현되는 예수에 대한 확신과 긴밀하게 연결되어 있습니다. 하느님의 다스리심과 예수의 주님되심이 연결된 모습을 바울은 필립비인들에게 보낸 편지 2장에서 힘 있게 선포합니다.

> 그러므로 하느님께서도 그분을 높이 올리시고 모든 이름 위에 뛰어난 이름을 주셨습니다. 그래서 하늘과 땅 위와 땅 아래에 있는 모든 것이 예수의 이름을 받들어 무릎을 꿇고 모두가 입을 모아 예수 그리스도가 주님이시라 찬미하며 하느님 아버지를 찬양하게 되었습니다. (필립 2:9~11)

이렇듯 바울은 하느님의 아버지되심과 다스리심을 깊이 확신했습니다. 그리고 초기 그리스도인의 기도는 이러한 확신으로 물들어 있습니다. 이러한 가운데 주의 기도가 다루는 주제들은 초기 교회의 기도 안에서 제 자리를 찾았습니다. 마찬가지로 제 자리를 찾아가는 또 하나의 표현이 있습니다. 바로 '이름'입니다.

## 하느님의 이름

고대 경전들에서 하느님의 이름은 하느님이 자신을 드러내실 때 나타나는 그분의 실재와 성품을 뜻했습니다. 예수의 사명은 하느님의 이름으로, 곧 하느님의 성품과 권위를 가지고 활동하며 그 성품과 권위를 드러내는 것이었습니다. 그분은 이 사명을 완수하셨고 그분의 이름, 예수라는 이름도 하느님의 이름에 맞닿게 되었습니다. 그래서 예수라는 이름은 그리스도교 교회가 영위하는 삶에서 매우 중요한 위치를 차지합니다. 그리스도인은 그의 이름을 부릅니다(1고린 1:2). 그 이름으로 함께 모입니다(마태 18:20). 그 이름 때문에 고난받습니다(사도 5:40). 그 이름으로 모든 일을 해야 합니다(골로 3:17). 그리고 그 이름으로 기도합니다. 예수의 이름으로 기도한다는 것은 예수의 이름을 부를 뿐만 아니라 주님이신 그분의 뜻과 목적에 따라 기도하겠다는 뜻을 지니고 있습니다.

이러한 확신을 가졌던 바울이 담대하며 끈기 있게 자주 기도했다는 사실은 그리 놀랄 일이 아닙니다. 그의 기도 가운데 일부는 다양한 교회에 보낸 편지들의 시작과 끝에 등장합니다. 편지를 읽는 이들에게 하느님 아버지와 예수 그리스도로부터 오는 은총과 평화를 빌어 주는 형식으로 되어 있지요. 그리스도인들이 끈기 있게 은총과 지식으로 자라기를 바라는 기도도 자주 나옵니다. 물론 때로 바울은 매우 구체적인 소망을 담아 기도하기도 했습니다. 언젠가는 로마에 갈 수 있게 해달라고 기도했고(로마 1:10), 이스라엘 민족이 구원받기를 기도했으며(로마 10:1), 감옥에 갇혀 있는 동안에도 복음의 능력을 전할 문이 열리기를 기도했습니다(골로 4:3). 바울은 자신을 기억하며 기도해달라고 편지를 읽는 이들에게 자주 부탁했습니다. 자신이 그들을 기억하며 기도하듯 말이지요. 그에게 기도란 하느님의 권능에 협력하는 일이었으며, 그런 기도가 놀라운 결과를 낳을 수 있다고 믿었습니다. 이러한 맥락에서 바울은 필립비인들에게 말했습니다.

> 내가 지금은 갇혀 있지만 그것이 마침내는 여러분의 기도와 예수 그리스도의 성령의 도우심으로 나에게 구원을 가져오리라는 것을 알고 있기 때문입니다. (필립 1:19)

한 특이한 구절에서 그는 하느님과 깊이 교제한 체험을 이야기하고, 이어서 자신이 앓는 병과 그에 관한 기도를 이야기합니다. 고린토인들에게 보낸 둘째 편지 12장에 나오는 구절로 바울의 생애를 연구할 때뿐만 아니라 기도를 이해할 때도 중요한 위치를 차지하지요. 여기서 바울은 "주님께서 보여 주신 환상과 계시"를 언급하며 말합니다.

> 나는 그리스도를 믿는 사람 하나를 알고 있습니다. 그는 십
> 사 년 전에 셋째 하늘에까지 이끌려 올라갔습니다. 그 때에
> 그가 몸 안에 있었는지 몸 밖에 있었는지, 나는 알지 못하지
> 만, 하느님께서는 아십니다. 나는 이 사람을 압니다. 그가
> 몸을 입은 채 그렇게 했는지 몸을 떠나서 그렇게 했는지를,
> 나는 알지 못하지만, 하느님께서는 아십니다. 이 사람이 낙
> 원에 이끌려 올라가서, 말로 표현할 수도 없고 사람이 말해
> 서도 안 되는 말씀을 들었습니다. (2고린 12:2~4)

바울이 여기서 말한 체험이 정확히 무엇인지 알 수는 없습니
다. 훗날 사람들이 '신비 체험'이라고 부른 경험과 비슷한 일
이었겠지요. 그러나 그는 그 체험을 자세히 묘사하는 일이
부적절하며, 자랑하는 일은 잘못임을 깨닫습니다. 이와 관
해 바울은 하느님께 받은 답이 있었습니다. 그는 이어서 말
합니다.

> 내가 굉장한 계시를 받았다 해서 잔뜩 교만해질까 봐 하느
> 님께서 내 몸에 가시로 찌르는 것 같은 병을 하나 주셨습니

다. 그것은 사탄의 하수인으로서 나를 줄곧 괴롭혀 왔습니다. 그래서 나는 교만에 빠지지 않게 되었습니다. 나는 그 고통이 내게서 떠나게 해 주시기를 주님께 세 번이나 간청하였습니다. 그러나 주님께서는 "너는 이미 내 은총을 충분히 받았다. 내 권능은 약한 자 안에서 완전히 드러난다" 하고 번번이 말씀하셨습니다. 그래서 나는 그리스도의 권능이 내게 머무르도록 하려고 더없이 기쁜 마음으로 나의 약점을 자랑하려고 합니다. 나는 그리스도를 위해서 약해지는 것을 만족하게 여기며, 모욕과 빈곤과 박해와 곤궁을 달게 받습니다. 그것은 내가 약해졌을 때 오히려 나는 강하기 때문입니다. (2고린 12:7~10)

몸을 찌르는 가시, 곧 만성이 되어 바울을 줄곧 괴롭힌 육체의 질병은 여기서 겸손을 가르치는 도구처럼 보입니다. 이를 없애 달라는 바울의 기도는 이루어지지 않습니다. 대신 바울은 약함 가운데 드러나는 하느님의 권능에 더 깊이 의지하게 됩니다. 여기에는 분명 겟세마네에서 주님께서 드리신 기도의 정신이 담겨 있습니다. 그러므로 바울의 편지 곳곳에서 감사의 목소리가 울려 퍼지는 것은 그리 놀라운 일이 아닙니다. 그는 그리스도인의 삶 전체가 감사로 가득해야 한다고 보았습니다. 그는 모든 때, 모든 일에 감사하라고 권했고(1데살 5:17, 2데살 2:13, 필립 4:6, 골로 3:15, 에페 5:20), 먹고 마시는 일도 예외가 아니었습니다(1고린 10:31). 때로 바울은 감사를 참된 종교와 거짓 종교를 구별하는 기준으로 삼기도 했습니다(로마 1:25). 바울 서신은 대부분 감사로 시작됩니다. 데살로니카인들에게 보낸 첫째 편지와 둘째 편지, 고린토인들에게 보낸 첫째 편지, 필립비인들에게 보낸 편지가 대표적인 예지요. 골로사이인들에게 보낸 편지와 에페소인들에게 보낸 편지의 경우에는 장대한 화폭을 감사의 무늬로 수놓으며 시작합니다. 여기서 세상 모든 그리스도인의 필요는 창조주이시며 구원자이신 하느님을 향한 찬미에 둘러싸입니다. 두 편지에 담긴 감사문은 거의 전례 문구에 가까운 운율을 지니고 있습니다. 하느님의 영광을 위해 그분과 나누는 깊은 교제에서는 감사가 자연스레 우러나옵니다. 하느님께 영광을 드리는 것은 요한 복음서에만 나오는 주제가 아니라 초기 그리스도교 신앙의 핵심이었습니다. 바울 서신이 이를 분명하게 보여 줍니다. 바울은 그리스도인이라면 송영(예컨대 로마 11:33~35, 16:25~27, 에페 3:20~21)을 고백할 뿐 아니라, 지극히 일상적인 행동들을 통해서도 하느님께 영광을 드려야 한다고 강조했습니다.

그러나 여러분은 먹든지 마시든지 그리고 무슨 일을 하든 지 모든 일을 오직 하느님의 영광을 위해서 하십시오. (1고린 10:31)

이렇게 우리는 바울을 통해 주의 기도가 다루는 중요한 주제들이 초기 그리스도인들의 기도 속에 어떻게 살아 숨 쉬었는지를 알 수 있습니다. 사도 시대가 이어지는 가운데 그리스도인들의 기도에는 삼위일체의 흐름이 점차 분명하게 드러나기 시작합니다. 아버지 하느님은 분명히 기도를 받아 주시는 분입니다. 예수는 아버지 하느님께 기도할 때 거쳐 가는 통로가 되어 주실 뿐 아니라, 그분이 참 하느님이 아니셨다면 맹목적인 우상숭배가 될 정도의 깊은 헌신과 사랑을 받으시는 분입니다. 성령은 그리스도인이 "아빠, 아버지"를 부르며 기도하고 예수의 수님되심을 고백하게 하는 분입니다. 이렇게 그리스도인은 기도하면서 하느님과의 삼중 관계, 하느님 안에 존재하는 삼중의 관계를 만났습니다. 요한 복음서에 있는 담화들과 기도들을 보면 이런 면모를 발견할 수 있지요. 그리고 바로 이러한 기도의 삼위일체적 성격을 통해 삼위일체 신학이 자라났습니다.

IV

# 요한이 비춘 빛

이 책에서는 예수께서 하신 기도와 제자들에게 주신 가르침을 살펴보면서 요한 복음서를 역사 자료로 쓰지 않았습니다. 초기 전승에 근거한 것으로 보이기는 하지만, 그보다 요한 복음서가 사도 시대를 살아간 그리스도인의 경험과 신학을 해석한 문서라는 사실이 더 중요하기 때문입니다. 그러한 측면에서 이 복음서는 그리스도인의 기도가 무엇인지 이해하는 데 풍성한 빛을 비추어 줍니다.

요한 복음서에서는 '예수의 이름으로 드리는 기도'라는 주제가 두드러지게 나타납니다. 이 기도는 우리를 예수와 하나로 깊이 묶어 주는 보혜사 성령(파라클레토스Paraclete)이 옴으로써 가능해진, 예수와 진정으로 연결된 이들의 기도입니다. 이러한 면에서 제자들은 예수의 죽음과 부활 이후에야 가장 깊은 차원의 기도를 드릴 수 있게 됩니다. 이 복음서는 아버지 하느님을 향한 예수의 기도를 영원에서 아들이 아버지와 나누는 관계가 시간과 역사 속에 드러난 표현으로 이해합니다. 이 관계는 다른 무엇보다도 수난, 즉 자기를 내어주는 사랑으로 가장 극명하게 드러나지요. 기도에 대한 이런 가르침은 우리를 영원의 세계로 들어 올린 뒤 구체적인 시간과 장소로, 곧 골고다 언덕이라는 실제 현장으로 나아가게 합니다. 이러한 방식으로 요한 복음서는 기도에 대해 독특한 가르침을 풍성히 내어줍니다. 물론 이 독특한 가르침은 죽기까지 순종하신 예수께서 실제로 드린 기도에 대한 초기 전승에 뿌리를 두고 있지요.

이제부터 네 번째 복음서에 등장하는 예수의 기도들을 살펴봅시다. 가장 먼저 살필 부분은 라자로의 무덤에 선 예수께서 기도에 응답해 주신 아버지께 감사드리는 장면입니다. 예수의 기도는 아버지의 뜻과 목적에서 비롯되었습니다. 그분은 그 뜻과 목적에 더 가까워질 틈 없이 꼭 맞으십니다. 이를 보여 주시기 위해 예수께서는 입을 열어 말씀하십니다.

아버지, 제 청을 들어주셔서 감사합니다. 그리고 언제나 제 청을 들어주시는 것을 저는 잘 압니다. 그러나 이제 저는 여기 둘러선 사람들로 하여금 아버지께서 저를 보내주셨다는

것을 믿게 하려고 이 말을 합니다. (요한 11:41~42)

윌리엄 템플William Temple은 이를 두고 적절한 논평을 남겼습니다.

주님께서는 명령을 내리시기에 앞서 당신의 기도에 한결같이 응답해 주시는 아버지 하느님께 거듭하여 감사를 전하신다. 주변에 서서 보고 있는 이들을 위하여 입을 열어 이를 큰소리로 전하신다. 우리는 그 기도의 내용을 전혀 듣지 못한다. 복음서는 어떤 특별한 기도의 장면을 묘사하지 않는다. 그분이 늘 기도 가운데 사셨기 때문이다. 마리아와 마르타 자매가 보낸 소식을 들은 순간부터 예수께서는 계속 기도하고 계셨을 것이다. 그리고 이제 그분은 당신이 한 기도와 그 기도가 응답받았다는 확신을 드러내 보이신다.

또 살펴볼 장면은 예루살렘에서 일어난 일입니다. 그리스 사람 몇이 예수를 뵙고 싶다며 찾아옵니다. 예수께서는 그들의 요청에 응하시면서, 곧 닥칠 당신의 죽음에 대해 말씀하십니다. 죽음이 다가오고 있음을 아시기에 그분은 한순간 괴로움에 휩싸여 죽음의 시간을 피할 수 있기를 바라는 마음을 드러내십니다. 하지만 곧바로 그분은 바로 이때를 위해 당신이 오셨음을 떠올리십니다. 그리고 아들의 순종을 통해 아버지께서 당신의 이름을 영광스럽게 하시기를 구하십니다. 요한 복음서의 흐름 속에서 이 장면은 겟세마네 기도가 담고 있는 중심 주제와 예수의 마음을 잠시 비춰 보여 줍니다. 또한 여기서는 기도와 그 응답의 내용이 모두 들립니다. 사람들은 예수의 죽음이 하느님의 영광에 속하며, 패배나 스스로 택한 순교가 아니라는 사실을 알게 됩니다.

"지금 내 마음이 괴로우니, 무슨 말을 하여야 할까? '아버지, 이 시간을 벗어나게 하여 주십시오' 하고 말할까? 아니다. 나는 바로 이 일 때문에 이 때에 왔다. 아버지, 아버지의 이름을 영광스럽게 드러내십시오." 그 때에 하늘에서 소리가 들려왔다. "내가 이미 영광되게 하였고, 앞으로도 영광되게 하겠다." (요한 12:27~28)

만찬의 순간으로 넘어가 보겠습니다. 이 이야기 가운데 예수께서는 당신과 아버지 하느님에 대하여 제자들이 맺을 새로운 관계, 당신께서 떠나시고 보혜사가 온 뒤 일어날 관계에 대해 말씀하십니다. 이 새로운 질서 속에서 제자들이 당신의 이름으로 기도하면 그 기도가 응답받을 것이라고 약속하십니다. 이전에 그분은 아버지의 이름으로 당신이 오셨다고 말씀하신 적이 있습니다. 누군가의 이름으로 활동하는 것은 그의 정신과 뜻에 완전히 일치하여 활동한다는 뜻입니다. 그러므로 예수의 이름으로 기도한다는 것은 곧 우리의 마음과 생각을 예수의 뜻에 맞추어 기도한다는 뜻입니다. 물론 예수께서 당신의 사명을 성취하시고 보혜사가 와 제자들을 인도하기 전까지 그들은 예수의 이름으로 기도할 수 없었을 것입니다. 그래서 그분은 이렇게 말씀하셨을 테지요.

> 지금까지 너희는 내 이름으로 아무것도 구해 본 적이 없다.
>
> (요한 16:24)

고별담화에서 예수께서는 기도에 대해 세 곳에서 짧게 언급하십니다. 첫 번째 언급은 예수께서 아버지께로 가시고 나면 제자들이 당신께서 이루신 일보다 더 큰 일을 하게 되리라는 약속에 이어 나옵니다.

> 너희가 내 이름으로 구하는 것이면 무엇이든지 이루어 주겠기 때문이다. 그러면 아들로 말미암아 아버지께서 영광을

받으실 것이다. 너희가 내 이름으로 구하는 것이면 무엇이든지 다 내가 이루어 주겠다. (요한 14:13~14)

여기에는 새로운 점이 있습니다. 앞으로 기도가 요청하는 바를 친히 이루어 주실 분은 예수입니다. 그리고 이는 아버지의 영광을 드러내기 위한 것입니다.

두 번째 구절은 예수와 제자들의 연합을 포도나무와 가지의 심상으로 묘사한 직후에 나옵니다.

너희가 나를 떠나지 않고 또 내 말을 간직해 둔다면 무슨 소원이든지 구하는 대로 다 이루어질 것이다. 너희가 많은 열매를 맺고 참으로 나의 제자가 되면 내 아버지께서 영광을 받으실 것이다. (요한 15:7~8)

여기서는 기도가 응답받기 위한 조건이 제시됩니다. 바로 예수 안에 머무르고, 그분께서 가르치신 말씀이 우리의 마음과 정신을 떠나지 않게 하는 것이지요. 이 구절은 예수의 이름으로 기도한다는 것이 무엇을 뜻하는지 밝혀줍니다.

세 번째 구절은 예수께서 "그 날", 즉 임박한 새로운 질서에 대해 다급히 말씀해 주실 때 등장합니다.

그 날이 오면 너희가 나에게 물을 것이 하나도 없을 것이다. 정말 잘 들어두어라. 너희가 내 이름으로 아버지께 구하는 것이면 아버지께서 무엇이든지 주실 것이다. 지금까지 너희는 내 이름으로 아무것도 구해 본 적이 없다. 구하여라. 받을 것이다. 너희는 기쁨에 넘칠 것이다. (요한 16:23~24)

"너희가 나에게 물을 것이 하나도 없을 것이다"라는 말씀은 "아무것도 요청하지 않을 것이다"보다는 "더는 나를 의문시하지 않을 것이다"라는 의미로 읽어야 합니다. 지난날 제자들은 예수를 자주 의문시했습니다. 만찬 자리에서도 당혹해하며 그분을 두고 여러 질문을 던지곤 했지요. 그러나 이제 질문과 대답을 통해서가 아니라 그분과의 친밀한 연합, 그리고 그분의 영이 인도하시는 바를 따라 배울 시간이 다가오고 있습니다. 그들은 아버지께 아주 가까이 나아갈 수 있게 될 것입니다. 예수의 이름으로 기도하면 아버지께서 그들에게 응답해 주실 것입니다. 예수께서 감당하신 지상에서의 사명이 마무리되면 제자들은 그분과 새롭게 연합할 것이고, 그로인해 그들은 무엇을 구하든 예수의 이름으로 구할 것입니다.

그렇다면 이런 질문이 생길 수 있습니다. 예수의 이름으로 기도하라는 고별담화의 가르침이 공관복음 전승의 무엇이든 요청하라는 권면("구하여라, 받을 것이다. 찾아라, 얻을 것이다. 문을 두드려라, 열릴 것이다"), 한밤중에 친구를 찾아가는 이야기나 과부와 재판관의 비유에서 길어 올릴 수 있는 권면과 충돌하지 않느냐는 질문 말이지요. 분명 서로 차이가 있지만, 충돌하지는 않습니다. 하느님은 우리가 당신의 뜻과 목적에 속하는 것들을 구하길 바라십니다. 그러나 그분은 우리가 우리 갈망과 생각으로 이를 구하길 바라십니다. 그분은 당신을 향한 우리의 열망을 당신에게 내어놓기를 바라십니다. 우리의 열망에 응답하지 않으신다면, 우리가 잘못된 것을 열망하고 있을 수 있습니다. 혹은 우리의 믿음을 시험하시어 하느님을 믿는 믿음과 자기 판단에 갇힌 확신 사이의 차이를 배우도록 이끌고 계실지도 모릅니다. 조금 기묘하지만 이를 올바르게 표현하는 말이 있습니다.

> 기도는 우리가 갈망하는 바를 하느님께 갈망하도록 주신 도구다. 그러나 그분께서 갈망하시는 바를 우리가 갈망하도록 하는 도구도 되어야만 한다.

기도하는 사람의 영혼에서 일어나는 이 갈등을 예수께서도 겪으셨습니다. 겟세마네에서의 기도, 그리고 "아버지, 이 시간을 면하게 하여 주소서"(요한 12:27)라는 기도에서 엿볼 수 있지요.

담화가 끝나고 요한 복음서 17장에는 예수의 기도가 나옵니다. 전통에서는 이 기도를 흔히 '대사제의 기도'the High Priestly Prayer라 부릅니다. 그러나 '봉헌의 기도'the Prayer of Consecration가 더 적절한 명칭일지 모르겠습니다. 이 기도의 핵심은 예수께서 제자들을 위해 자신을 죽음으로 내어놓는 봉헌이기 때문이지요. 기도 전체를 보면 영광(수난 가운데서의 영광, 제자들이 받게 되는 영광, 하늘에서 이루어질 영광)이라는 주제가 반복해 등장합니다. 이 기도는 추상적인 기도가 아니라, 예루살렘에서 예수께서 죽음을 앞두신 바로 그 구체적 '시간'과 '상황' 가운데 드리신 기도입니다. 그러면서도 아들과 아버지가 세상이 있기 전부터 영광 가운데 나누시는 교제를 반영해 보여 주지요.

마르코 복음서에서는 겟세마네에서 드리신 기도가 수난을 향해 나아가는 결정적 단계였습니다. 마찬가지로 요한 복음서에서는 만찬 이후 드린 이 기도가 아버지를 향한 여정을 예수께서 완성해 가시는 결정적 단계입니다. 십자가는 영광의 사건입니다. 십자가를 통해 영원한 영광이 드러나기 때문입니다. 십자가에서 제자들은 자신들의 사명을 시작하고, 진리로 봉헌되며, 아버지와 아들의 하나됨에 참여하여 하늘의 영광에 이르게 됩니다.

이 기도는 세 부분으로 이루어져 있습니다. 첫 번째 부분은 바로 예수 자신을 위한 기도이고, 두 번째는 제자들을 위한 기도이며, 세 번째는 제자들의 활동을 통해 장차 제자가 될 이들을 위한 기도입니다.

이 말씀을 마치시고 예수께서는 하늘을 우러러보시며 이렇게 말씀하셨다. "아버지, 때가 왔습니다. 아들의 영광을 드러내 주시어 아들이 아버지의 영광을 드러내게 하여 주십시오. 아버지께서는 아들에게 모든 사람을 다스릴 권한을 주셨고 따라서 아들은 아버지께서 맡겨 주신 모든 사람에게 영원한 생명을 주게 되었습니다. 영원한 생명은 곧 참되시고 오직 한 분이신 하느님 아버지를 알고 또 아버지께서 보내신 예수 그리스도를 아는 것입니다. 나는 아버지께서 나에게 맡겨 주신 일을 다 하여 세상에서 아버지의 영광을 드러냈습니다. 아버지, 이제는 나의 영광을 드러내 주십시오. 세상이 있기 전에 아버지 곁에서 내가 누리던 그 영광을 아버지와 같이 누리게 하여 주십시오."

"나는 아버지께서 세상 사람들 가운데서 뽑아 내게 맡겨 주신 이 사람들에게 아버지를 분명히 알려 주었습니다. 이 사람들은 본래 아버지의 사람들이었지만 내게 맡겨 주셨습니다. 이 사람들은 과연 아버지의 말씀을 잘 지키었습니다. 지금 이 사람들은 나에게 주신 모든 것이 아버지께로부터 왔다는 것을 알고 있습니다. 나는 나에게 주신 말씀을 이 사람들에게 전하였습니다. 이 사람들은 그 말씀을 받아들였고 내가 아버지께로부터 온 것을 참으로 깨달았으며 아버지께서 나를 보내신 것을 믿었습니다. 나는 이 사람들을 위하여 간구합니다. 세상을 위하여 간구하는 것이 아니라 아버지께서 내게 맡기신 이 사람들을 위하여 간구합니다. 이 사람들은 아버지의 사람들입니다. 나의 것은 다 아버지의 것이며 아버지의 것은 다 나의 것입니다. 그래서 이 사람들로 말미암아 내 영광이 나타났습니다. 나는 이제 세상을 떠나 아버지께 돌아가지만 이 사람들은 세상에 남아 있을 것입니다. 거룩하신 아버지, 나에게 주신 아버지의 이름으로 이 사람들을 지켜 주십시오. 그리고 아버지와 내가 하나인 것처럼 이 사람들도 하나가 되게 하여 주십시오. 내가 이 사람들과 함께 있을 때에는 나에게 주신 아버지의 이름으로 내가 이 사람들을 지켰습니다. 그동안에 오직 멸망할 운명에 놓인 자를 제외하고는 하나도 잃지 않았습니다. 하나를 잃은 것은 성경 말씀이 이루어지기 위한 것이었습니다. 지금 나는 아버지께로 갑니다. 아직 세상에 있으면서 이 말씀을 드리는 것은 이 사람들이 내 기쁨을 마음껏 누리게 하려는 것입니다. 나는 이 사람들에게 아버지의 말씀을 전해 주었는데 세상은 이 사람들을 미워했습니다. 그것은 내가 이 세상에 속해 있지 않은 것처럼 이 사람들도 이 세상에 속해 있지 않기 때문입니다. 내가 아버지께 원하는 것은 그들을 이 세상에서 데려가시는 것이 아니라 악마에게서 지켜 주시는 일입니다. 내가 이 세상에 속하지 않은 것처럼 이 사람들도 이 세상에 속한 사람들이 아닙니다. 이 사람들이 진리를 위하여 몸을 바치는 사람들이 되게 하여 주십시오. 아버지의 말씀이 곧 진리입니다. 아버지께서 나를 세상에 보내신 것같이 나도 이 사람들을 세상에 보냈습니다. 내가 이 사람들을 위하여 이 몸을 아버지께 바치는 것은 이 사람들도 참으로 아버지께 자기 몸을 바치게 하려는 것입니다."

"나는 이 사람들만을 위하여 간구하는 것이 아니라 이 사람들의 말을 듣고 나를 믿는 사람들을 위하여 간구합니다. 아버지, 이 사람들이 모두 하나가 되게 하여 주십시오. 아버지께서 내 안에 계시고 내가 아버지 안에 있는 것과 같이 이 사람들도 우리들 안에 있게 하여 주십시오. 그러면 아버지께서 나를 보내셨다는 것을 세상이 믿게 될 것입니다. 아버지께서 내게 주신 영광을 나도 그들에게 주었습니다. 그것은 아버지와 내가 하나인 것처럼 이 사람들도 하나가 되게 하려는 것입니다. 내가 이 사람들 안에 있고 아버지께서 내 안에 계신 것은 이 사람들을 완전히 하나가 되게 하려는 것입니다. 이것은 세상으로 하여금 아버지께서 나를 보내셨다는 것을 알게 하려는 것이며 또 아버지께서 나를 사랑하신 것처럼 이 사람들도 사랑하셨다는 것을 알게 하려는 것입니다. 아버지, 아버지께서 나에게 맡기신 사람들을 내가 있는 곳에 함께 있게 하여 주시고 아버지께서 천지 창조 이전부터 나를 사랑하셔서 나에게 주신 그 영광을 그들도 볼 수 있게 하여 주십시오. 의로우신 아버지, 세상은 아버지를 모르지만 나는 아버지를 알고 있습니다. 그리고 이 사람들도 아버지께서 나를 보내셨다는 것을 깨달았습니다. 나는 이 사람들에게 아버지를 알게 하였으며 앞으로도 그렇게 하겠습니다. 그것은 아버지께서 나를 사랑하신 그 사랑이 그들 안에 있고 나도 그들 안에 있게 하려는 것입니다."

(요한 17:1~26)

　　예수께서는 다음 날 일어날 사건 가운데, 십자가에 달려 자기를 내어주는 사랑을 보이심으로써 아버지께서 당신을 영광스럽게 해 주시고, 당신 역시 아버지께 영광 드릴 수 있기를 기도하십니다. 십자가는 영원에서부터 아버지와 아들 사이에 있던, 자기를 내어주는 사랑의 영광이 드러나는 자리입니다. 아버지께서 예수를 영광스럽게 하시는 일은 예수께서 인류를 생명으로 이끄는 권위를 가지신 분임이 드러나는 데서 이루어집니다. 이 권위는 예수에게 속한 사람들에게 영생을 주시는 일을 통해 가장 분명히 나타납니다(복음서 저자는 여기에 영원한 생명이란 아버지와 아들을 아는 것이라는 설명을 덧붙입니다). 예수께서는 이미 이 땅에서의 삶으로 아버지 하느님께 영광을 드리셨습니다. 영원한 사랑에서 오는 영광을 눈으로 보게 하는 활동 가운데, 아버지의 임재와 함께 이제는 그분께서 영광스럽게 되실 차례입니다.

## 6~19절

　　예수께서는 제자들에게 아버지를 알려 주셨습니다. 그분에게 제자들은 아버지께서 주신 사람들이었습니다. 제자들은 그 계시를 받아들였고 굳게 지켰습니다. 그러나 이제 제자들은 세상에 남게 됩니다. 그래서 그분은 이들이 계시에 신실하며 진리 안에서 자신을 봉헌하기를 기도하십니다. 이 제자들을 위해, 그리고 하느님의 뜻을 이루기 위해 그분은 자신을 완전히 봉헌하십니다. 제자들은 두 가지 차원에서 이 세상과 달라야만 합니다. 제가 『하느님의 영광』The Glory of God에서 이야기했듯, 제자들은 세상의 자기만족에 맞서 하느님께 자신을 바쳐야 합니다. 또한 세상의 오류에 맞서 하느님의 진리를 대변해야 합니다. 이 두 가지 요구는 서로 분리할 수 없습니다. 그리스도의 사명에서 은총과 진리를 나눌 수 없듯 말이지요. 자신을 봉헌해 살지 않는 이들의 진리를 향한 증언은 타락할 것입니다. 자신들이 맡은 진리를 제멋대로 엉킨 양털처럼 편히 여기는 마음으로는 세상이 전제하는 바를 스스럼 없이 받아들이기 쉽습니다. 그러므로 예수께서 기도하십니다.

> 이 사람들이 진리를 위하여 몸을 바치는 사람들이 되게 하여 주십시오. (요한 1:17)

예수께서 드러내시는 신학과 동떨어진 거룩함이란 존재하지 않습니다. 봉헌하는 삶, 몸을 바치는 삶이 아니고서는 그

신학을 알릴 수 없습니다.

## 20~26절

이제 하나됨이라는 주제가 등장합니다. 예수께서는 미래의 모든 신자가 하나 되기를 기도하십니다. 이 하나됨은 그저 자기들끼리의 친목이 아닙니다. 바로 아버지와 아들 안에서 이루는 하나됨입니다. 아버지께서 아들 안에 계시고, 아들께서 아버지 안에 계신 것과 닮아 있는 방식으로 말이지요. 예수께서는 제자들에게 아버지와 아들 사이의 영원한 사랑의 영광을 나누어 주십니다. 그리고 그 사랑은 십자가를 통해 가장 선명하게 드러납니다. 그렇기에 제자들, 그 제자들의 제자들은 서로 하나가 될 수 있습니다. 영광이 신자들 안에 깃듦으로써 아들의 사명과 아버지의 사랑이 참되다는 사실이 세상에 드러날 것입니다.

마지막으로, 예수의 기도는 하늘을 향해 나아갑니다. 그분은 당신이 계신 곳에 제자들이 함께 있기를, 그래서 영광을 온전히 보게 되기를 원하십니다. 그러다 기도는 다시 지상으로 내려갑니다. 주님을 믿지도 않고 알지도 못하는 세상을 살아가는 제자들을 생각하시면서 말이지요. 그리하여 그분은 아버지께서 당신을 사랑해 주신 그 사랑으로, 제자들을 사랑하시는 그 사랑으로 그들을 지켜 주시기를 기도하십니다.

**멈추십시오. 그리고 아십시오.**

예수의 모든 기도는 이 땅에서 입을 열어 드리신 것이면서 하늘에, 나아가 영원에 속해 있습니다. 우리의 기도는 바로 저 하늘과 영원에서 흘러나오는 힘 덕분에 가능합니다.

# V

# 휘장을 뚫고

그리스도교 전통의 기초에는 예수께서 언제나 기도하고 계신다는 믿음이 있습니다. 그리스도인은 산상변모 가운데, 겟세마네 동산에서, 골고다 언덕 위에서 기도하셨던 그분이 여전히 기도하고 계신다고 믿습니다. 쉬지 않는 중보자로서의 예수상은 그리스도인의 예배와 영성에 오랫동안 짙은 영향을 미쳐 왔습니다. 이 믿음이 무엇을 뜻하는지, 그리고 오늘날 어떻게 이해할 것인지 살펴보도록 하겠습니다.

예수께서 부활하여 살아 계신다는 것은 그리스도교의 중심을 이루는 확신 중 하나입니다. 그분은 세상의 죄를 위해 죽으셨던 분으로서 살아 계십니다. 살아 계신 분으로서의 예수께 나아가는 오늘날의 우리는 그분의 죽음을 마주합니다.

도덕의 측면에서 그 죽음이 우리와 어떤 관계를 맺고 있는지 생각해 보게 됩니다. 그분의 죽음은 세상을 구원하기 위해 치러야 했던 커다란 대가였습니다. 하지만 그 안에는 당신을 내어주시는 아버지의 사랑이 있습니다. 성서 말씀대로입니다.

그리스도께서는 우리 죄 많은 인간을 위해서 죽으셨습니다. 이리하여 하느님께서는 우리들에게 당신의 사랑을 확실히 보여 주셨습니다. (로마 5:8)

하느님께서는 그리스도를 내세워 인간과 화해하셨습니다. (2고린 5:19)

그러므로 하늘에 계신 예수께서 하시는 기도 또한 관계가 소원하거나 냉담한 아버지에게 매달리듯 비는 기도가 아닙니다. 하늘에서의 중보나 변호를 가르치는 그리스도교 저자들은 빠짐없이 하느님께서 먼저 사랑을 시작하신다고 말해 줍니다. 그 사랑은 대가를 치렀고, 지금도 치르고 있습니다. 이러한 면모는 '지상에서의 희생과 하늘에서 이어지는 중보'라는 심상에서 빠진 적이 없지요.

부활하고 승천하신 뒤 예수의 삶을 설명할 때는 세 가지 심상을 섞어 쓰곤 합니다. 전통에 따르면 그분은 완전한 희생제물이자 악을 이기신 승리자(하느님 오른편에 앉아 계시는 모습)이며 중보자로서 아버지와 함께 계십니다. "중보하다"로 번역되는 동사는 이러한 모습들이 어우러지는 가운데 의미를 지닙니다.

바울은 로마인들에게 보낸 편지 8장에서 예수의 중보를 언급합니다.

> 하느님께서 택하신 사람들을 누가 감히 고소하겠습니까? 그들에게 무죄를 선언하시는 분이 하느님이신데 누가 감히 그들을 단죄할 수 있겠습니까? 그리스도 예수께서 단죄하시겠습니까? 아닙니다 그분은 우리를 위해서 돌아가셨을 뿐만 아니라 다시 살아나셔서 하느님 오른편에 앉아 우리를 위하여 대신 간구해 주시는 분이십니다. (로마 8:33~34)

여기서 우리는 예수의 중보가 어떤 배경에서 어떻게 이루어지고 있는지를 주목해서 봐야 합니다. 그분의 중보는 당신의 아들을 내어주시고 죄인에게 무죄를 선언하시는 하느님의 너그러우심 가운데서 이루어지고 있습니다. 또한 중보는

"하느님 오른편에 앉아" 계신 예수께서 다스리시는 방법이기도 합니다.

　이러한 중보의 심상은 히브리인들에게 보낸 편지의 중심 주제라고 해도 과언이 아닙니다. 이 편지는 하늘에 계신 그리스도의 사제직을 강조하며, 그러한 가운데 자기 자신을 희생제물로 바치신다는 심상과 권능으로 다스리신다는 심상을 어우릅니다. 그리고 이렇게 새롭게 어우러진 심상은 그리스도를 통해 이루어진 하느님의 일을 받아들인 이들이 하느님께 새롭게 나아가는 배경이 됩니다.

　　다른 사제들은 누구나 다 죽게 마련이어서 한 사람이 사제직을 계속해서 맡아볼 수가 없으니 결국 사제의 수효가 많아졌습니다. 그러나 예수께서는 영원히 사시는 분이므로 그분의 사제직은 영구한 것입니다. 이렇게 예수께서는 항상 살아 계셔서 그들을 위하여 중재자의 일을 하시니 당신으로 말미암아 하느님께 나아오는 사람들을 언제나 구원해 주실 수 있으십니다. (히브 7:23~25)

이 구절들을 인용할 때 영문 신약성서는 "인터시드"intercede, 즉 '중보하다'라는 동사를 사용했습니다. 하지만 이 역어에는 오해의 여지가 있습니다. 본래 그리스어 '엔튕카노'$\acute{\varepsilon}\nu\tau\nu\gamma\chi\acute{\alpha}\nu\omega$는 대신 말한다거나 탄원한다거나 애원한다는 뜻이 아닙니다. 그보다는 누군가와 함께 있다, 누군가와 만난다, 누군가를 마주한다는 뜻에 가깝지요. 그러므로 예수의 중보란 그분이 쉬지 않고 아버지와 함께 계신다는 뜻입니다. 그분은 아버지께 은총을 베풀어 달라고 애걸하지 않으십니다. 아버지께서는 태초부터 끊임없이 은총을 흘려보내고 계셨습니다. 예수께서는 우리를 위해 골고다에서 죽으셨던 분으로서 아버지와 함께 계십니다. 죽음을 겪은 영원한 생명으로 아버지와 함께 계십니다. 우리처럼 유혹을 겪으셨고, 우리 죄와 고통을 짊어지셨던 분으로서 아버지와 함께 계십니다. 우리 희망과 갈망의 초점으로서 아버지와 함께 계십니다. 중보자이신 예수 그리스도를 통해 아버지 하느님께 나아가는 것은 우리를 구속하는 데 치르신 대가를 자각하며 나아가는 것입니다. 단 한 번 드리심으로써 모든 것을 대신하는 희생과 단번에 성취하신 승리의 대가 말이지요. 이 희생과 승리는 과거의 역사인 동시에 지금도 이루어지고 있는 현실입니다. 그래서 우리는 예수 그리스도 덕분에 하느님께 나아갈 수 있으며, 하느님께 나아가는 우리의 태도와 방식 역시 십자가의 사랑과 부활의 승리가 만들어 준 길 위에서 형성됩니다.

이제 히브리인들에게 보낸 편지가 그리는 그리스도의 희생과 승리에 대한 그리스도인의 응답을 살펴봅시다. 어떤 작가도 이처럼 다양하고 생생하게 그리스도인의 응답을 묘사한 적이 없기에 살펴볼 가치가 충분합니다.

이 서신은 이름 없는 저자가 이름 없는 그리스도인 공동체에 쓴 것입니다. 그 공동체는 그리스도에 대한 충성에서 벗어나 신앙을 저버릴지 모르는 위기에 처해 있었습니다. 그들이 유대교로 돌아가려던 유대 그리스도인들이었는지는 확실하지 않습니다. 오히려 이방 그리스도인이 다수였던 공동체였을지도 모르지요. 그들은 그리스도인답게 믿기란 너무 고되고 어려우니, 차라리 그리스도인다움에 관심을 꺼버리고 노력을 그만두자는 유혹을 받았을 수 있습니다. 저자는 믿음에 궁극적인 문제, 곧 삶과 죽음의 문제가 달려 있음을 강조합니다. 종말이 가까이 왔기 때문입니다. 그 마지막에는 온 인류의 구원자이신 예수 그리스도께서 계십니다. 그러한 면에서 그리스도에 대한 그리스도인의 주장은 모든 사람에게, 모든 시대에 걸쳐 흔들림 없이 참됩니다. 히브리인들에게 보낸 편지는 이러한 그리스도의 최종성을 사제직이라는 심상으로 표현합니다. 저자는 이렇게 말하는 듯합니다.

"예수를 사제로 생각하십시오. 그러면 그분의 주장이 얼마나 보편적이며 위엄으로 가득 차 있는지 이해할 것입니다." 그분의 희생은 참된 현실, 즉 실재를 열어젖히는 열쇠입니다. 그러므로 떠내려가 버리지 마십시오. 믿음으로 하느님 앞에 나아가십시오.

히브리인들에게 보낸 편지의 저자는 이 응답을 생생한 언어로 묘사합니다. "하느님 앞에 나아가는", "새로운 살길", "휘장을 뚫고", "여러분이 와 있는 곳은 시온산", "이 땅 위에는 우리가 차지할 영원한 도성이 없습니다. 우리는 다만 앞으로 올 도성을 바라고 있을 뿐입니다", "밖에 계신 그분께 나아가서 그분이 겪으신 치욕을 함께 겪읍시다". 예수의 사명은 인류에게 길을 열어 주는 것이었습니다. 이 사명에는 두 가지 측면이 있습니다. 한 측면에서 예수는 하느님이 어떤 분인지를 인류에게 드러내는 하느님의 아들이십니다. 다른 측면에서 예수는 스스로 인류와 같게 되시어, 당신과 우리 모두를 위하여 믿음의 경로를 내시고 앞서 걸어가시는 개척자이십니다. 히브리인들에게 보낸 편지는 이 측면을 특히 강조하고 있지요.

예수께서 앞서 길을 여셨고, 이끌고 계십니다. 히브리인들에게 보낸 편지 2장은 예수의 사명이 많은 이를 영광으로 인도하는 것이라고 이야기합니다. 이를 위해 그분은 우리같이 되셨고, 고난받음으로써 자신의 사명을 완벽히 감당하셨습니다. 고난받으시고 유혹을 겪으신 그분이 인류를 대표하는 사제가 되기에 합당하십니다. 그분은 하늘을 꿰뚫고 계십니다. 선구자로서 우리보다 앞서가십니다. 그분은 우리에게 새로운 살길을 열어 주셨습니다. 그분은 우리 믿음을 시작하신 분이자 완성하시는 분입니다. 이 사명을 성취하기 위해 그분은 완전히 버림받으셨고, 성문 밖에서 고난당하셨습니다. 우리도 그분께 나아가서 그분이 겪으신 치욕을 함께 겪도록 부르심을 받았습니다. 이러한 면에서 예수는 우리가 가야 할 길 자체이십니다.

예수께서 역사 속에서 실제 몸으로 감내하신 희생, 그리고 지금도 하늘에서 계속 효력을 발휘하는 그 희생으로 인해 하느님께 나아갈 새로운 길이 열렸습니다. 히브리인들에게 보낸 편지 10장 중반에서는 그리스도의 승리에서 그 승리에 대한 신자들의 응답으로 이야기가 전환됩니다. 이에 따르면 그분은 거룩하게 되어 가고 있는 이들을 하느님과의 온전한 관계 안에, 죽음에 이르기까지 순종하심으로써 단번에 완전히 세우셨습니다.

그리스도인의 응답을 묘사하는 다음 구절은 다양한 심상

을 통해 그리스도인의 삶이 어떤 삶인지 보여 줍니다.

그러므로 형제 여러분, 예수께서 피를 흘리심으로써 우리
는 마음 놓고 지성소에 들어가게 되었습니다. 예수께서는
휘장을 뚫고 새로운 살길을 우리에게 열어 주셨습니다. 그
휘장은 곧 그분의 육체입니다. 그리고 우리에게는 하느님
의 집을 다스리시는 최고의 사제가 계십니다. 우리의 마음
에는 그리스도의 피가 뿌려져서 나쁜 마음씨가 없어지고 우
리의 몸은 맑은 물로 씻겨 깨끗해졌으니 이제는 확고한 믿
음과 진실한 마음가짐으로 하느님께로 가까이 나아갑시다.
또 우리에게 약속을 주신 분은 진실한 분이시니 우리가 고
백하는 그 희망을 굳게 간직하고 서로 격려해서 사랑과 좋
은 일을 하도록 마음을 씁시다. 그리고 어떤 사람들처럼 같
이 모이는 일을 폐지하지 말고 서로 격려해서 자주 모입시
다. 더구나 그 날이 가까이 오는 것을 아는 이상 더욱 열심
히 모이도록 합시다. (히브 10:19~25)

휘장curtain이나 베일veil은 이 서신에서 두드러지는 성막의 심
상에서 기원합니다. 성소와 지성소 사이에 걸려 있는 휘장은
땅과 하늘 사이의 경계를 상징해 왔습니다. 이제 휘장을 뚫

고 열린 길이 있습니다. 다름 아닌 예수입니다. 그분이 길입니다. 그러니 그리스도인은 그분 안에서 걸어가야 합니다. 세례를 받아 물로 씻기어 양심의 가책이라는 굴레에서 풀려난 그리스도인은 하느님 앞에 나아갈 수 있습니다. 현실에서 일어나는 긴급하고 다양한 의무를 내팽개치라는 이야기가 아닙니다. 오히려 그리스도인들은 더 힘차게 그 의무들을 지킵니다. 즉, 연민을 품고, 선한 일을 하며, 서로 사귀고, 함께 모입니다. 이들은 모두 시급한 일입니다. 시간이 얼마 남지 않았기 때문입니다.

다급하고도 무섭게 경고하는 구절이 이어집니다. 저자에 따르면 응답하지 않는 것은 곧 배교를 뜻합니다. 즉, 배교란 하느님께 받은 특권을 부인하고, 예수의 피를 모독하며, 또다시 그분을 십자가에 매단다는 뜻입니다. 그렇게 배교가 일어나면 회복의 길은 없습니다. 저자는 참으로 그리되지 않기를 당부합니다. 박해를 받으면서도 굳건했던 신실함을 기억하며 앞서간 지도자들의 본을 따르라고, 필요한 것은 믿음이며 믿음이란 보이지 않는 현실, 실재를 붙드는 것이라고 이야기합니다(히브 10:26~11:1).

이어서 히브리인들에게 보낸 편지의 저자는 옛 언약에 등장하는 수많은 믿음의 영웅들을 회상합니다. 그들은 이 땅에서 살았지만, 보이지 않는 현실을 붙들고 하늘 본향을 향해 손을 뻗었던 이들이었습니다. 이 오래된 신앙의 영웅들이 이루는 대열의 끝에 신앙의 가장 완벽한 본이신 예수께서 등장하십니다. 그리고 신앙에 대해 다룬 장으로 널리 알려진 11장이 이어집니다. 예수께서 열어젖히신 새로운 살길에 신자들이 어서 응답해야 한다는 데 초점이 맞춰져 있지요. 저자는 신앙을 추상적으로 정의하지 않고, 사람들의 삶에서 어떻게 나타나는지를 이야기함으로써 신앙이 무엇인지 보여줍니다.

> 믿음은 우리가 바라는 것들을 보증해 주고 볼 수 없는 것들을 확증해 줍니다. (히브 11:1)

> 이렇게 많은 증인들이 구름처럼 우리를 둘러싸고 있으니, 우리도 온갖 무거운 짐과 우리를 얽어매는 죄를 벗어 버리고 우리가 달려야 할 길을 꾸준히 달려갑시다. 그리고 우리의 믿음의 근원이시며 완성자이신 예수만을 바라봅시다. 그분은 장차 누릴 기쁨을 생각하며 부끄러움도 상관하지 않고 십자가의 고통을 견디어 내시고 지금은 하느님의 옥좌 오른편에 앉아 계십니다. (히브 12:1~2)

뒤이어 신자의 응답이 나옵니다. 또 다른 심상들과 더불어 묘사되고 있지요.

여러분이 와 있는 곳은 옛날 이스라엘 사람들이 갔던 그 시나이산은 아닙니다. 그 산은 손으로 만져볼 수 있고 불이 타오르고 검은 구름과 암흑에 싸인 채 폭풍이 일고 나팔 소리가 울리고 굉장한 음성이 들려오는 산이었습니다. 그때 그 음성을 들은 사람들은 하느님께 더 이상 말씀하지 마시라고 간청하지 않았습니까? "비록 짐승이라도 이 산에 닿기만 하면 돌에 맞아 죽을 것이다" 하신 하느님의 명령이 견딜 수 없이 두려웠던 것입니다. 사실 그 광경이 얼마나 무서웠던지 모세까지도 "나는 너무나 무서워서 떨린다" 하고 말할 지경이었습니다. 그러나 여러분이 와 있는 곳은 시온산이고 살아 계신 하느님의 도성이며 하늘의 예루살렘입니다. 거기에는 수많은 천사들이 있고, 잔치가 벌어져 있고 또 하늘에 등록된 장자들의 교회가 있고 만민의 심판자이신 하느님이 계시고 완전히 올바른 사람들의 영혼이 있습니다. 그리고 새로운 계약의 중재자이신 예수가 계시고 아벨의 피보다도 더 큰 힘을 발휘하는 속죄의 피가 있습니다. (히브 12:18~24)

여기서도 주제는 하늘을 향한 여정입니다. 그러나 이번에는 도착지가 묘사됩니다. 어둡고 공포스러운 시나이산과 하늘의 예루살렘이 분명한 대비를 이룹니다. 하늘의 예루살렘에서 그리스도인들은 옛 언약에 등장했던 성인들과 천사들이 나누는 교제에 참여하게 됩니다. 하지만 다음 절들에서는 경고가 나옵니다. 저자는 종말이 다가오고 있다고, 우주가 격동할 것이라고, 그렇지만 그 격동에도 흔들리지 않는 나라가 남을 것이라고 말합니다. 하느님께서 여전히 경외와 두려움을 불러일으키시는 분임을 기억하면서 그 나라를 받으라고 그는 말합니다. 그 나라가 우리를 위한 것이기 때문입니다. 하늘을 향해 나간다는 기쁨에 푹 젖어 경외를 망각하고 두려워할 줄 모른다면 이는 일그러진 신앙입니다.

> 우리는 흔들리지 않는 나라를 차지했으니 감사를 드립시다. 그리고 하느님께서 기뻐하시도록 경건한 마음과 두려워하는 마음으로 하느님께 예배를 드립시다. 사실 하느님은 태워 버리는 불이십니다. (히브 12:28~29)

그리스도인의 응답을 다룬 세 번째 구절에는 다양한 심상이 섞여 있습니다.

유다인의 대사제는 짐승의 피를 지성소에 가지고 들어가서 속죄의 제물로 바칩니다. 그러나 짐승의 몸은 영문 밖에서 불살라 버립니다. 이와 같이 예수께서도 당신의 피로 백성을 거룩하게 만드시려고 성문 밖에서 고난을 당하셨습니다. 그러므로 우리도 영문 밖에 계신 그분께 나아가서 그분이 겪으신 치욕을 함께 겪읍시다. 이 땅 위에는 우리가 차지할 영원한 도성이 없습니다. 우리는 다만 앞으로 올 도성을 바라고 있을 뿐입니다. 그러므로 우리는 예수의 이름으로 언제나 하느님께 찬미의 제사를 드립시다. 하느님의 이름을 우리의 입으로 찬양합시다. 좋은 일을 하고 서로 사귀고 돕는 일을 게을리하지 마십시오. 하느님께서는 이런 것을 제물로서 기쁘게 받아주십니다. (히브 13:11~16)

옛 속죄제에서는 제물로 바친 짐승의 몸을 먹지 않고 진영 밖에서 태워 없앴습니다. 이와 같이 완전히 버림받으신 예수께서도 도성 밖에서 죽임을 당하셨습니다. 저자는 그분을 향해 밖으로 나가자고, 이것이 그리스도인이 받는 부르심이라고, 그분을 향해 밖으로 나가 그분이 겪으신 치욕과 거부에 참여하자고 이야기합니다. 히브리인들에게 보낸 편지의 저자에 따르면 우리의 영원한 도성은 이 땅에 있지 않습니다.

앞으로 올 도성이기 때문입니다. 그리스도인다운 삶이란 세상이 보장하는 것들에 작별을 고하고, 세상에서 거부당할 준비가 되어 있는 삶입니다. 하지만 이렇게 세상을 초월하라는 부르심에는 그리스도인이 친교 가운데 영위하는 삶의 현실이 포함되어 있습니다. 선을 행합시다. 연민을 품읍시다. 사귐 가운데 살아갑시다. 예배합시다. 이렇게 살아가는 삶이 하느님께서 기대하시는 제물입니다. 이 모든 일이 골고다에 서신 예수, 또 하늘에 계신 예수와 연결된 제사입니다. 세상을 초월하라는 부르심은 이곳에서 살아가는 구체적인 현실 한복판에서 실현됩니다.

신약성서의 저작 중에서도 히브리인들에게 보낸 편지는 표현 방식과 이면의 문화 배경 때문에 낯설어 보일 때가 많습니다. 그러나 이 편지는 흔들리지 않는 것들에 대한 강력한 메시지를 지금도 전하고 있습니다. 우리 눈에 보이는 세상이 혼란스러울 때 보이지 않는 현실, 실재를 붙든다는 것은 중요한 의미를 지닙니다. 보이지 않는 분을 바라보는 것이 믿음이라는 히브리인들에게 보낸 편지의 메시지는 그리스도께서 우리 안에 계신다는 바울 서신이나 요한 복음서의 가르침을 이해하기 어려워하는 이들에게 큰 도움을 줍니다. 마찬가지로 이 세상의 어떤 제도나 구조도 참된 안전을 보장

해 줄 수 없다는 이야기는 오늘날 우리 상황에도 깊은 울림을 줍니다. 이는 그리스도교를 특정 문화나 전통과 동일시하지 말라는 경고로 새길 수 있습니다.

마지막으로, 그리스도인은 "휘장을 뚫고" 세상 너머를 바라보며 하느님께 나아가야 하지만, 그렇다고 이것이 이 땅에서 감당해야 할 일, 예배, 공동체의 삶에서 벗어나야 한다는 뜻은 아닙니다. 그리스도를 닮아 가는 삶, 그리고 희생을 품은 삶으로만 실재를 만날 수 있습니다.

VI

# 산과 평지

예수의 산상변모 이야기는 그리스도교 영성에 오랫동안 깊은 영향을 미쳤습니다. 이 이야기는 빛, 목격자, 구름, 음성과 같은 상징들로 가득합니다. 그리고 여전히 우리에게 말을 걸어오고 있지요. 변모 장면을 마르코와 마태오는 독립된 사건처럼 묘사하는 반면, 루가는 자신만의 방식으로 예수의 기도 및 죽음을 향해가는 영적 여정에 연결합니다. 물론 어떤 복음서든 이 사건을 다른 주제들과 연결합니다. "이는 내 사랑하는 아들이다"라는 음성은 예수께서 요르단강에서 받으신 세례를 기억하게 합니다. 또 "엿새 후에"라는 표현은 이 사건이 예수께서 당신의 고난과 죽음을 예고하신 직후에 일어났음을 알려 주지요. 찬란한 빛은 예수께서 다시 오실 때 나타날 영광을 잠시 앞당겨 보여 주며, 모세와 엘리야가 나타난 일은 성서가 오래전부터 말해 온 하느님의 구원 계획이 예수를 통해 이루어지고 있음을 보여 줍니다. 마르코 복음서를 볼까요.

> 엿새 후에 예수께서 베드로와 야고보와 요한만을 따로 데리고 높은 산으로 올라가셨다. 그때 예수의 모습이 그들 앞에서 변하고 그 옷은 세상의 어떤 마전장이도 그보다 더 희게 할 수 없을 만큼 새하얗고 눈부시게 빛났다. 그런데 그 자리에는 엘리야가 모세와 함께 나타나서 예수와 이야기하고 있었다. 그때 베드로가 나서서 "선생님, 저희가 여기서 지내면 얼마나 좋겠습니까! 여기에 초막 셋을 지어 하나는 선생님을 모시고 하나는 모세를, 하나는 엘리야를 모셨으면 합니다" 하고 예수께 말하였다. 베드로는 다른 제자들과 함께 겁에 질려서 무슨 말을 해야 좋을지 몰라 엉겁결에 그렇게 말했던 것이다. 바로 그 때에 구름이 일며 그들을 덮더니 구름 속에서 "이는 내 사랑하는 아들이니 너희는 그의 말을 잘 들어라" 하는 소리가 들려왔다. 제자들은 곧 주위를 둘러보았으나 예수와 자기들밖에는 아무도 보이지 않았다. (마르 9:2-8)

일련의 상징들이 눈길을 끕니다. 먼저 세 제자는 강렬하고 새하얀 광채에 둘러싸이신 예수를 봅니다. 세상의 어떤 마전장이도 만들지 못할 것이라고 마르코가 고풍스럽게 표현하는 광채입니다. 광채는 예수께서 영광 가운데 다시 오실 때 어떤 모습일지 미리 보여 줍니다. 성 바실리우스St. Basil의 주석은 광채의 의미를 올바르게 풀어줍니다.

> 베드로와 천둥의 두 아들은 산상에서 그분의 아름다움을 보았다. 햇빛보다 밝게 빛나는 아름다움이었다. 두 눈으로 영광스러운 재림('파루시아'parousia)을 미리 본 것이다.

예수께서는 고난과 죽음을 앞두고 영광 가운데 나타나십니다. 영광이 고난과 죽음에도 '불구히고' 있는 것이 아니라, 바로 그 고난과 죽음의 '한가운데' 있다는 진실이 언젠가 드러날 것입니다. 그러나 그날은 아직 오지 않았습니다.

이제 두 인물이 나타납니다. 제자들은 그들이 모세와 엘리야임을 어찌저찌 알아봅니다. 이스라엘 전통에는 주님의 날이 임박하면 지난날 이스라엘의 영웅 중 몇몇이 다시 나타나리라는 이야기가 있었습니다. 그러므로 이 광경을 본 제자들은 마침내 예언이 성취되는 날이 실로 가까워졌음을 알게 되었을 것입니다. 또한 모세와 엘리야는 각각 율법과 예언서를 대표하기 때문에 이들의 등장은 그 자체로 메시아에 대한 증언이기도 합니다. 그리고 머지않아 그들은 사라집니다. 할 일을 마쳤기 때문이지요. 산에는 예수만 홀로 서 계십니다.

그제야 시몬 베드로는 이 전대미문의 장면에 반응합니다. 성서에서 자주 그러하듯 베드로가 하는 말은 한편으로는 놀라울 정도로 옳고, 한편으로는 완전히 틀립니다. 예수께서 영광 가운데 계실 때 제자들이 그 자리에 있는 것은 분명 좋은 일입니다. 예수와 두 증인에게 초막을 지어 드리고, 산에서 편히 머물도록 하고픈 마음도 좋은 마음입니다. 베드로는 예의 바르고 통찰력도 있는 듯합니다. 주님의 날과 초막절(주님께서 당신의 백성과 함께 거하신다는 것을 상징하는 날입니다)을 연결하는 전통을 떠올린 듯하니 말이지요. 그럼에도 그는 틀렸습니다. 모세와 엘리야는 머물러야 할 이들이 아니라 떠나야 할 이들이었습니다. 예수께서도 산에 계속 머물 생각이 없으십니다. 하느님께서 인류와 함께 지내시는 일은 베드로가 헤아릴 수 없는 방식으로 일어날 것이기 때문입니다.

구름이 나타납니다. 단순히 산중을 유유히 가로지르는 안개가 아닙니다. 광야를 지나던 이스라엘 백성이 알고 있던,

하느님의 임재를 상징하는 구름입니다. 하느님께서 이곳에 계심을, 그 하느님은 신비와 어둠 속에 계신 하느님, 경외감과 친밀감을 동시에 느끼게 하는 하느님임을 구름이 말해 줍니다. 형용할 수 없고 눈으로 볼 수 없는 하느님께서 모든 감각을 잠잠하게 만드는 어둠 속에서 나타나셨습니다. 그들이 겁에 질리는 건 당연했습니다.

구름에서 음성이 들려와 예수께서 하느님의 아들이심을 말해 줍니다.

이는 내 사랑하는 아들이니 너희는 그의 말을 잘 들어라.

성서에서 잘 듣는 것은 단순히 귀를 기울여 듣는 것이 아니라, 듣고 순종하는 것을 의미합니다. 예수께서 무엇을 말씀하시든지 들은 대로 순종해야 합니다. "나에게로 오너라. 내가 편히 쉬게 하리라"(마태 11:28) 같은 위로의 말씀은 물론, "우리는 지금 예루살렘으로 올라가고 있다. 거기에서 사람의 아들은 대사제들과 율법학자들의 손에 넘어가 사형 선고를 받을 것이다"처럼 무거운 말씀도 따라야 합니다. 상징의 장면은 이제 끝났습니다. 예수께서 거기에 홀로 서 계십니다.

마태오의 이야기는 마르코의 이야기와 매우 유사하지만, 제자들이 구름이 덮일 때가 아니라 음성을 듣고 나서 두려워했다고 전합니다. 그리고 마태오는 예수께서 입을 열어 그들에게 두려워하지 말라 하셨다고 이야기합니다. 루가의 이야기는 또 다른 흥미로운 요소들을 담고 있어서 주목해 보아야 합니다.

이 말씀을 하신 뒤 여드레쯤 지나서 예수께서는 베드로와 요한과 야고보를 데리고 기도하러 산으로 올라가셨다. 예수께서 기도하시는 동안에 그 모습이 변하고 옷이 눈부시게 빛났다. 그러자 난데없이 두 사람이 나타나 예수와 함께 이야기하고 있었다. 그들은 모세와 엘리야였다. 영광에 싸여 나타난 그들은 예수께서 머지않아 예루살렘에서 이루시려고 하시는 일 곧 그의 죽음에 관하여 예수와 함께 이야기를 나누고 있었다. 그때 베드로와 그의 동료들은 깊이 잠들었다가 깨어나 예수의 영광스러운 모습과 거기 함께 서 있는 두 사람을 보았다. 그 두 사람이 떠나려 할 때 베드로가 나서서 "선생님, 저희가 여기서 지내면 얼마나 좋겠습니까! 저희가 초막 셋을 지어 하나는 선생님께, 하나는 모세에게, 하나는 엘리야에게 드리겠습니다" 하고 예수께 말하였다. 무슨 소리를 하는지 자기도 모르고 한 말이었다. 베드로가 이런 말을 하고 있는 사이에 구름이 일어 그들을 뒤덮었다. 그들이 구름 속으로 사라져 들어가자 제자들은 그만 겁에 질려버렸다. 이때 구름 속에서 "이는 내 아들, 내가 택한 아들이니 그의 말을 들어라!" 하는 소리가 들려왔다. 그 소리가 그친 뒤에 보니 예수밖에는 아무도 보이지 않았다. 제자들은 아무 말도 못 하고 자기들이 본 것을 얼마 동안 아무에게도 말하지 않았다. (루가 9:28~36)

여기서 죽음과 영광을 향해 예수께서 나아가시는 길을 기도와 연결하는 루가 복음서 특유의 방식이 드러납니다. 예수께서 기도하실 때, 그분의 얼굴에 빛이 쏟아집니다. 겟세마네에서 드리신 기도처럼 내적 갈등 가운데 극도로 피로워하며 기도하셨는지는 알 수 없습니다. 그러나 우리는 압니다. 그분이 하느님의 광채 가까이에서 기도하고 계시며, 죽음의 길을 택하셨다는 사실을 말이지요. 루가는 두 증인이 예수께서 예루살렘에서 성취하실 일을 이야기했다고 말해 줍니다. 그 이야기는 단순히 죽음만이 아니라 죽음을 꿰뚫고 영광에 이르는 길, 즉 예수께서 죽음 이후에 계속해 나가실 여정 전체를 아우릅니다. 이는 새로운 언약이 주는 자유 가운데 하느님의 새 백성을 이끄시는 여정이기도 합니다. 루가는 부활하신 예수께서 제자들에게 이를 설명해 주셨다고 전합니다. 당신의 고난과 영광을 모세와 모든 예언자가 증언했다고 말이지요.

하지만 그때 제자들은 그 영광이 무엇이고 어떠한 것인지 헤아릴 수 없었습니다. 틀림없이 그들은 산 위에서 펼쳐진 영광을 반겼을 것입니다. 예수께서 예루살렘으로 고개를 돌리신 뒤 일어난 갈등들, 앞으로 일어나게 될 갈등들과는 별 상관이 없어 보이는 영광이니까요. 하지만 변모되실 예수께서는 이 갈등들을 뒤에 남겨둔 채 산에 오르지 않으셨습니다. 도리어 이 갈등들을 산으로 지고 가셨습니다. 그리하여 이 갈등들은 그분과 함께 변모되었습니다. 어린 시절의 첫 순종부터 겟세마네의 마지막 순종에 이르기까지, 그리스도께서는 끊어진 데 없이 온전히 변모되셨습니다.

당시에는 제자들이 이를 완전히 이해하지 못했습니다. 그러나 사도 시대의 저작들은 이내 그들이 고난과 영광의 연결을 그리스도교 메시지의 핵심으로 받아들였음을 보여 줍니다. 소아시아의 그리스도인들에게 보낸 베드로의 첫째 편지를 생각해 보십시오. 당시 그들은 이미 박해를 겪은 데다가 앞으로 훨씬 더 큰 박해를 당할 가능성이 있었습니다. 이들을 향해 저자는 말합니다.

> 여러분이 그리스도의 이름으로 모욕을 당하면 복이 있습니다. 영광의 영 곧 하느님의 영이 여러분 위에 머물러 계시기 때문입니다. (1베드 4:14)

"영광의 영"이라는 표현은 충격적이기까지 합니다. 예루살렘에서 헤로데 왕의 손에 의해 죽임당한 야고보는 그 영광을 보았습니다. 요한이라는 이름은 예수의 수난을 승리의 영광으로 그려 내는 복음서와 연결됩니다. 다시 말해, 네 번째 복음서는 구약의 율법과 예언이 모두 예수의 영광을 가리키고 있으며, 그 영광이 십자가에서 가장 완전히 드러났다고 봅니다. 영광은 산에만 있지 않습니다. 평지에도 그와 같은 영상이 있습니다.

변모는 그리스도교의 중심 주제입니다. 산 위에서 일어난 변모를 따라 평지에서 고난들이 변화됩니다. 삶을 둘러싼 모든 정황도 변화됩니다. 이 변화는 자기 앞에 계시는 그리스도와 자기 안에 함께하시는 성령을 바라보는 모든 이에게 일어납니다. 신약성서 속 바울 서신, 요한계 문서, 베드로 서신 곳곳에 이 '보는 것', 그리고 '변화'와 관련된 표현이 등장합니다

다. 이 표현들은 역사 속에서 끊임없이 반복되는 그리스도인의 체험을 가리킵니다. 물론 신약성서가 주님의 변모 이야기를 자주 언급한다는 말은 아닙니다. 다만 '보는 것'과 '변화'라는 주제가 신약성서에 반복해 등장하며, 주님의 변모는 이 주제들을 상징으로 압축해 보여 준다는 뜻입니다.

그리스도인의 삶에는 실제로 고난이 변모하는 순간이 있습니다. 우리는 때로 극심한 고난을 겪습니다. 쉽게 끝나지 않고, 사라지지 않을 때가 있지요. 그러나 그리스도와 가까워지면 그 순간에도 용기, 남을 향한 사랑과 공감, 기도의 능력이 나타납니다. 놀랍도록 그리스도를 닮아 가는 것입니다. 이러한 순간들을 마주하고, 이러한 삶을 살게 되는 것은 사목자의 특권입니다. 그러한 가운데 사목자는 자신이 가르칠 수 있는 것보다 훨씬 더 많은 것을 배웁니다. 사도 시대의 저작들은 이러한 체험을 증언합니다. *그중에서도 가장 감동적인 예는 로마인들에게 보낸 편지 8장 후반부에 나오는 바울의 이야기일 것입니다.

누가 감히 우리를 그리스도의 사랑에서 떼어 놓을 수 있겠습니까? 환난입니까? 역경입니까? 박해입니까? 굶주림입니까? 헐벗음입니까? 혹 위험이나 칼입니까? … 그러나 우리

는 우리를 사랑하시는 그분의 도움으로 이 모든 시련을 이

거내고도 남습니다. (로마 8:35,37)

칼 바르트Karl Barth는 이 구절을 두고 다음과 같은 말을 남겼
습니다.

> 이와 같이 우리가 겪는 환난은 환난인 채로 남아 있으면서
> 도 변화된다. 우리는 여전히 이전처럼 고통을 겪는다. 그
> 러나 이 고통은 이제 더는 어쩔 도리 없는 곤혹이 아니다.
> 고통은 창조적이고, 열매를 맺고, 하느님의 능력과 약속으
> 로 충만한 고통으로 변한다. 십자가에 달리시고 부활하신
> 주님 안에서 우리는 누구도 밟을 수 없는 길을 밟아 가게
> 되었다.

상황들도 변모될 수 있습니다. 살다 보면 무언가 우리의
길을 막을 때가 있습니다. 그 무언가는 삶의 조건일 수 있고,
사람일 수도 있으며, 장애물일 수도 있지요. 무엇이든 그때
우리는 좌절합니다. 없애버릴 수 없고, 무시하고 살기도 어
렵고, 헤어나기는 요원해 보이기만 합니다. 그러나 더 원대
한 맥락, 곧 십자가에 달리시고 부활하신 예수를 배경으로

비추어 보면 그 상황은 전혀 다른 자리, 다른 관계망에 놓이게 됩니다. 상황은 그대로 남더라도 다르게 남습니다. 고린토인들에게 보낸 둘째 편지 4장에서 바울은 우리가 겪는 "가벼운 고난"과 "한량없이 큰 영광"을 대비시킵니다. 고난의 자리는 시간 속에 있습니다. 영광의 자리는 영원 안에 있습니다. 그렇게 상황은 변모됩니다. 흔적도 없이 사라지는 방식이 아니라, 십자가에 달리시고 부활하신 예수의 행로 안으로 올려지는 방식으로 말이지요.

하지만 변모라는 주제와 관련해 가장 핵심에 있는 것은 바로 사람의 변화입니다. 사도 시대의 저술들은 그리스도를 목표로 바라볼 때, 그리고 우리 안에서 성령이 활동하실 때 그가 어떻게 변화되는지를 다양한 방식으로 설명합니다. 그 설명들이 언제나 변모 사건을 의식한다고 말하기는 어렵지만, 그 사건의 상징성이 그리스도인의 삶에 나타나는 특징들과 깊이 연결되어 있다고 말할 수는 있습니다.

고린토인들에게 보낸 둘째 편지 3장에서 바울은 우의를 사용해 모세 시절의 옛 언약과 복음으로 주어진 새 언약을 대조합니다. 처음 받은 언약은 정죄를 불러왔지만, 두 번째로 받은 언약은 자유를 일으킵니다. 전자는 모세의 얼굴에 잠깐 있다가 없어진 광채와 연결되고, 후자는 영원히 계속될 영광의 빛과 연결됩니다. 그리스도인은 이 빛을 보고, 또 비출 수 있습니다.

> 우리는 모두 얼굴의 너울을 벗어 버리고 거울처럼 주님의 영광을 비추어 줍니다. 동시에 우리는 주님과 같은 모습으로 변화하여 영광스러운 상태에서 더욱 영광스러운 상태로 옮아가고 있습니다. 이것이 성령이신 주님께서 이루시는 일입니다. (2고린 3:18)

그리스도인이 하느님의 영광을 직접 눈으로 볼 수는 없습니다. 하지만 유리나 거울을 통해 보듯 그 영광을 바라봅니다. 예수께서 하느님의 영광을 완벽하게 담아내어 비추는 거울이시기 때문입니다. 그리스도인은 예수를 바라봄으로써 그를 닮아 변화됩니다. 주님이신 성령께서 그리스도인 안에 함께하며 그 변화를 만들어 가십니다. 그리스도인의 변화에 대한 또 다른 구절의 경우 '그리스도를 보는 것'도 '성령의 내주'도 직접 언급하지 않지만, 변화가 어떻게 일어나는지를 자세하고도 철저하게 살펴봅니다.

> 그러므로 형제 여러분, 하느님의 자비가 이토록 크시니 나

는 여러분에게 권고합니다. 여러분 자신을 하느님께서 기쁘게 받아주실 거룩한 산 제물로 바치십시오. 그것이 여러분이 드릴 진정한 예배입니다. 여러분은 이 세상을 본받지 말고 마음을 새롭게 하여 새 사람이 되십시오. 이리하여 무엇이 하느님의 뜻인지, 무엇이 선하고 무엇이 그분 마음에 들며 무엇이 완전한 것인지를 분간하도록 하십시오. (로마 12:1~2)

모든 것은 하느님께서 베푸시는 자비에서 시작됩니다. 사도는 그 자비에 응답하며, 자신이 살아가는 삶을 제물로 바치라고 동료 그리스도인에게 이야기합니다. 그것이 예배의 참된 의미이기 때문입니다. 그런 다음 바울은 세상과 근본적으로 결별해야 한다고, 세상의 방식과 논리에 순응하는 태도를 버려야만 한다고 말합니다. 세상에 자신을 맞추지 않을 때, 우리는 비로소 그리스도를 향해 변화될 수 있습니다. 이 변화 과정의 비결은 새 정신, 새 마음을 받는 것입니다. 의심할 바 없이 이 정신과 마음은 그리스도의 정신과 마음입니다. 필립비인들에게 보낸 편지 2장은 그 마음을 종의 모습으로 자신을 낮추신 분의 마음으로 묘사합니다. 새 정신과 마음을 받아 변화되는 과정을 통해 무엇이 하느님의 뜻이고, 무엇이 선하며 완전한지 분별할 수 있게 됩니다. 인간의 삶이 어떻게 변화되는지에 대한 날카로운 분석이 여기에 있습니다.

이렇게 고난이 변모하고, 상황이 변모하며, 사람이 변모하는 일은 그리스도인의 실제 삶에서 일어납니다. 사도들이 가르친 대로 말이지요. 그러나 사도들은 더 나아가 미래에 일어날 변모까지 이야기합니다. 골로사이인들에게 보낸 편지에서 바울은 부활한 예수의 생명과 연합하고 있는 그리스도인의 삶이 그리스도께서 다시 오시면 어떻게 완성될지 말해 줍니다.

여러분의 생명이신 그리스도가 나타나실 때에 여러분도 그분과 함께 영광 속에 나타나게 될 것입니다. (골로 3:4)

요한의 첫째 편지는 그리스도인이 현재 누리고 있는 자녀됨이 예수와 같게 되고 하느님을 뵙게 되는 날 완전히 실현된다고 말해 줍니다.

사랑하는 여러분, 이제 우리는 하느님의 자녀입니다. 우리가 장차 어떻게 될지는 분명하지 않지만 그리스도께서 나타나시면 우리도 그리스도와 같은 사람이 되리라는 것을 우리

는 알고 있습니다. 그 때에는 우리가 그리스도의 참모습을 뵙겠기 때문입니다. (1요한 3:2)

아래의 말씀대로 주님의 약속은 확실히 성취됩니다.

마음이 깨끗한 사람은 행복하다. 그들은 하느님을 뵙게 될 것이다. (마태 5:8)

## 멈추십시오. 그리고 아십시오.

산상변모 사건은 오늘날 우리에게도 말을 건네옵니다. 물론 우리가 그 자리에 머물러 있을 수만은 없습니다. 우리는 골고다까지 계속 나아가야 합니다. 그리고 그곳에서 영광이 치르는 대가들을, 어둠과 버림받음을 배워야 합니다. 이 골고다와 부활에서 그리스도인의 광대한 희망이 솟아오릅니다. 그 희망은 인류뿐만 아니라 온 우주가 변모되리라는 희망입니다. 특히 동방 그리스도교는 변화된 우주가 부활절에 시작된다는 믿음을 이어 왔습니다. 로마인들에게 보낸 편지에서도 이러한 희망을 분명히 엿볼 수 있습니다.

곧 피조물에게도 멸망의 사슬에서 풀려나서 하느님의 자녀들이 누리는 영광스러운 자유에 참여할 날이 올 것입니다.

(로마 8:20~21)


인류가 영광으로 인도받는 일은 모든 피조물이 같은 여정을 밟게 됨을 알리는 서곡이 될 것입니다. 이 희망은 한낱 환상에 불과할까요? 이 희망의 바탕에는 십자가에서 드러난 '희생의 사랑'이 세상을 다스린다는, 하느님의 주권에 대한 믿음이 놓여 있습니다. 그리고 이 주권이 실제로 설득력을 갖는 순간은 사람들이 그 사랑으로 변화되는 모습을 볼 때입니다.

제2부

# VII

# 기도하는 그리스도인

갈릴래아 지방의 언덕들과 겟세마네 동산에서 기도하시는 예수를 향했던 시선을 이제 익숙한 풍경으로 돌려보겠습니다. 바로 오늘날 기도하는 그리스도인입니다. 오늘 우리가 기도하는 모습을 이해하기 위해서는 히브리인들에게 보낸 편지가 하늘에 오르신 예수의 기도를 묘사하며 쓴 동사를 떠올려 보면 도움이 됩니다. 이 동사는 기본적으로 간구, 말함, 탄원이기보다는 "함께 있음" 또는 "마주하여 있음"을 뜻합니다. 예수께서는 세상을 마음에 품으신 채 언제나 아버지 하느님과 함께 계십니다. 그렇다면 우리의 기도도 더도 말고 덜도 말고 잠시나마 아버지 하느님과 함께 있는 시간으로 생각해 볼 수 있지 않을까요? 이렇게 기도를 이해하면 기도의 여러 모습이 결국 하느님 곁에 머무는 일로 수렴된다는 사실을 알 수 있습니다.

정말 아끼는 친구가 있다면 그와 함께 시간을 보내기로 하고, 그때를 놓치지 않기 위해 애를 쓸 것입니다. 무엇을 할지 미리 세세히 정하지 못하더라도, 만나면 서로의 소식을 나누고 부탁하기도 하며 아쉬움이나 고마움을 표현하겠지요. 때로는 말하고 때로는 들어주며, 가끔은 별말 없이 몸짓만으로 마음을 드러내 보이기도 할 것입니다. 어떻게 시간을 쓸지 미리 계획하지 않았더라도 그 시간 자체를 정성스레 지키려 하겠지요. 우리의 기도는 이에 가깝습니다. 기도란 창조주이자 구원자이신 만큼이나 친구가 되어 주시는 분을 의식하며, 잠시 시간을 내 그분과 함께 있는 것입니다.

잠시나마 하느님과 함께 있는 것. 이는 기도를 다루는 책들이 말하는 모든 요소를 담아낼 수 있습니다. 경이로워하며 하느님과 함께 있다면 그것이 곧 경배입니다. 기꺼워하며 하느님과 함께 있다면 그것이 곧 감사입니다. 부끄러워하고 회한을 느끼며 하느님과 함께 있다면 그것이 곧 참회입니다. 다른 사람들을 마음에 품고 하느님과 함께 있다면 그것이 곧 중보입니다. 기도의 비밀은 결국 하나, 하느님과 함께 있기를 추구하는 데 있습니다.

주님, 제가 주님의 얼굴을 찾겠습니다. (시편 27:8)

물론 우리는 그 시간을 어떻게 보낼지 어느 정도 생각해 볼 수 있습니다. 그러나 그 시간이 실제로 어떻게 흘러갈지는 우리의 계획만이 아니라 하느님께서 그 시간과 우리 자신을 어떻게 빚어내시는지에 달려 있습니다. 그러므로 기도는 단순히 우리가 하는 일일 뿐 아니라 우리에게 깃들어 "아빠, 아버지"를 부르짖게 하시는, 성령으로 함께하시는 하느님의 활동이기도 합니다. 어떤 방식으로든 기도는 경배, 감사, 참회, 중보의 흐름을 거칠 것입니다. 기도하는 우리가 놀라워하고, 감사하고, 고백하고, 다른 이들의 필요와 존재를 마음에 품으면서 말이지요. 이 모든 것이 자연스럽게 스며들면 우리의 기도는 어느새 주의 기도의 흐름을 따르게 됩니다.

이 맥락에서 중보와 집중concentration에 대해 몇 마디 덧붙입니다. 앞서 말했듯 중보기도란 다른 이들을 마음에 품고 하느님 곁에 머무는 것입니다. 물론 우리가 바라는 것들의 자리도 있습니다. 예수께서 분명히 가르쳐 주셨듯, 하느님께서는 우리가 바라는 바를 있는 그대로 당신께 아뢰기를 바라시기 때문입니다. 그러나 이를 "예수의 이름으로" 드리면서 우리는 어렴풋이 깨달은 하느님의 뜻에 맞게 우리의 바람을 조정하는 법을 익힙니다. 그러므로 중보기도는 하느님께 요청을 퍼붓는 일이 아니라, 하느님께서 친히 베푸시는 자비의 물줄기에 우리의 바람을 띄우는 일이 됩니다. 중보기도의 원리는 이렇게도 설명할 수 있습니다. 하느님의 연민은 세상을 향해 멈추지 않고 흐릅니다. 다만 그분은 인간이 자기 의지로 당신에게 응답하기를 기다리시는 듯 보입니다. 이 응답은 한편으로는 하느님께서 바라시는 일들을 피조물들이 실천함으로써, 다른 한편으로는 하느님의 연민이 흘러넘치는 통로이기도 한 기도를 통해 이루어집니다. 그러므로 우리는 중보기도를 할 때 무엇보다도 먼저 기억과 찬미와 감사로 하느님의 사랑 가득한 다정하심을 묵상합니다. 중보기도는 바로 그 자리, 하느님의 위대하심과 선하심을 묵상하며 예배하는 자리에서 흘러나옵니다.

기도는 하느님의 뜻을 묻는 일인 만큼 하느님의 나라와 관련됩니다. 우리는 하느님의 나라가 오기를 기도합니다. 그 나라는 개인의 변화와 사회의 변화를 모두 아우를 수밖에 없습니다. 개인과 사회는 서로 영향을 주고받기 때문입니다. 개인의 회심만으로 사회를 바로잡는다는 말은 반쪽짜리 진리에 불과합니다. 사회를 바로잡기만 하면 사람들이 저절로 바뀔 거라는 말은 반쪽짜리 진리에도 미치지 못합니다. 둘은 훨씬 더 깊게 얽혀 있습니다. 세상을 위해 기도하는 그리스도인은 "누가 내 이웃인가?"라는 질문을 반드시 마주하게 됩니다. 그 질문은 기도할 때마다 되돌아옵니다. 같은 나라에 있으면서 피부색으로 차별받는 사람들을 위해 기도할 때, 잔인하게 학대당하고 부당하게 권리를 빼앗긴 이들을 위해 기도할 때 그렇습니다. 인류 문명을 파괴할지도 모르는 무기와 관련된 결정을 내리는 이들을 위해 기도할 때도 그러합니다. 이해하며 기도한다는 것은 해답을 알고 기도한다는 뜻이 아닙니다. 세상의 질문들이 우리의 마음을 움직일 때, 고통을 동반하는 관심과 연민으로 인도할 때, 오롯이 그 마음으로 기도한다는 뜻입니다.

'집중'에 관해 이야기해 볼까요. 기도하며 기쁨과 열망으로 가득 차 있는 때가 있지만, 그 어느 순간보다 멍청해진 것 같은 때도 있습니다. 자꾸 이상한 상상을 하게 되고 기분은 냉담하며 의지는 부러지기 직전이지요. 그럴 때는 단순히 반복하는 행위가 가장 좋은 길일 수 있습니다. 그냥 반복해서 하느님을 바라고, 기도하길 바라고, 사랑하길 바라고, 믿음 갖기를 바라는 것입니다. 단순한 문구를 반복해 기도하는 일을 꺼리지 마십시오. 그렇게 기도하는 것은 자신의 약함을 함께 계신 하느님께 보여 드리는 것입니다. 스스로 느끼기에 보잘것없고 단편적인 바람과 사랑일지라도 우리 자신이 구하거나 소유하는 바를 넘어서는 일에 써 주시기를 구하십시오. 열정으로 충만한 마음을 통해 하느님께 가까이 가게 되는 만큼, 연약하나 진실한 소원을 담은 기도를 통해서도 그에 못지않게 하느님께 가까이 갈 수 있습니다. 오히려 그런 기도가 영혼을 열어 하느님의 사랑을 새롭게 받을 수 있게 해 줄 수도 있습니다.

예수 기도Jesus Prayer로 알려진 기도는 주의력 결핍을 치료하는 수단이 아닙니다. 그 자체로 영광스러운 기도입니다. 동방 그리스도인은 이 기도를 오랜 세월 아꼈습니다. 요즘에는 이 기도를 소중히 여기는 서방 그리스도인도 늘어나고 있지요. 이 기도는 "주 예수 그리스도, 하느님의 아들이시여, 죄인인 저를 불쌍히 여기소서"라는 문장을 끊임없이 반복하는 것입니다. 이 문구를 수없이 반복하다 보면 우리 마음과 정신을 혼란하게 하는 요소들이 진정되고, 놀라울 정도로 가라앉은 마음으로 집중할 수 있게 됩니다. 한 문장을 되풀이하여 되뇌는 가운데 우리는 많은 사람과 그들에게 필요한 것들을 마음으로 품습니다. 진심으로 기도해 주고자 하는 것입니다. 계속해서 발해지는 문장을 따라 우리의 마음은 한 사람 한 사람을 소중히 담아냅니다. 중보기도는 꼭 이 사람 저 사람을 두고 하느님께 말을 늘어놓는 것만을 의미하지 않습니다. 중보기도는 다른 사람들을 마음에 담아 둔 채 하느님 곁에 머무는 것입니다.

그리스도인의 기도는 언제나 기도하고 있는 그 사람의 고유함을 드러냅니다. 하느님과 인간이 만나는 자리가 그 사람의 영혼 안에서 독특하게 펼쳐지기 때문이지요. 이 사람과 저 사람이 서로 다르듯, 이 사람이 드리는 기도와 저 사람이 드리는 기도도 서로 다릅니다. 그러나 제아무리 개인의 일처럼 보이더라도 그리스도인의 기도는 예수께서 드리시는 기도, 성령께서 우리 안에서 드리시는 기도, 기도하는 가족으로서 온 세계 교회가 드리는 기도와 언제나 얽혀 있습니다.

1. 예수께서 드리시는 기도는 제자들이 드리는 기도에 변함없는 배경이 되어 주고 힘이 되어 줍니다. 오늘날 우리는 복음서에 나오는 장면들을 떠올릴 수 있습니다. 거기서 예수는 기도하고 계십니다. 거기서 우리는 삶의 의미를 길어낼 수 있습니다. 그러므로 겟세마네의 이야기는 그리스도를 따르는 온 시대의 제자들에게 주어진 이야기입니다. 예수께서는

경고하셨습니다.

> 집주인이 돌아올 시간이 저녁일지, 한밤중일지, 닭이 울 때
> 일지, 혹은 이른 아침일지 알 수 없다. 그러니 깨어 있어라.
> 주인이 갑자기 돌아와서 너희가 잠자고 있는 것을 보게 되
> 면 큰일이다. 늘 깨어 있어라. 너희에게 하는 이 말은 또한
> 모든 사람에게 하는 말이다. (마르 13:35~37)

성전에서 가르치시며 제자들에게 이런 경고를 남기신 예수
께서는 동산에서 세 제자에게 당신 가까이에서 깨어 기도하
라고 촉구하십니다. 그런데도 그들은 세 번이나 잠듭니다.
하지만 주님께서는 극심한 괴로움 한가운데 계시면서도, 매
번 그들 곁으로 다가오십니다. 사랑이 풍성하신 목자로서 그
들이 깨어 기도할 수 있도록 흔들어 일으키십니다. 바로 그
예수께서 우리 곁에서 기도하고 계십니다. 사랑을 안고 다가
오시는 목자로서 우리를 흔들어 일으키십니다. 깨어 기도하
라고 말씀하십니다.


2. 성령께서 드리시는 기도는 예수께서 드리시는 기도와 그
기도를 자기 것으로 삼는 그리스도인 사이를 창조적으로 이

어 줍니다. 성령은 그리스도인의 기도를 예수께서 드리시는 기도와 이어 주심으로써 우리가 예수 안에서 함께하게 하십니다. "성령께서 이루어 주시는 친교"로 다소 아쉽게 번역된 표현은 본래는 "성령 안에서 함께 나누는 일"에 가깝습니다. 즉, 우리가 서로 나누고 연결된다는 뜻이지요. 그래서 바울은 필립비인들에게 보낸 편지에서 성령에 참여하는 것을 "그리스도 예수께서 지니셨던 마음을 여러분의 마음으로 간직"(필립 2:1,5)하는 일과 연결합니다. 예수께서 제자들에게 주신 명령이 여기서 성취됩니다. 에페소인들에게 보낸 편지는 함께 드리는 기도가 어떤 모습인지 생동감 있게 묘사합니다.

> 술 취하지 마십시오. 방탕한 생활이 거기에서 옵니다. 여러분은 성령을 가득히 받아야 합니다. 성시와 찬송가와 영가를 모두 같이 부르십시오. 그리고 진정한 마음으로 노래 불러 주님을 찬양하십시오. 또 모든 일에 언제나 우리 주 예수 그리스도의 이름으로 하느님 아버지께 감사드리십시오. (에페 5:18~20)

이처럼 성령께서는 기도하는 각자가 서로에게 다가가는 것을 막는 장벽을 허물어 우리를 하나로 이어 주십니다.

3. 기도하는 그리스도인은 기도하는 교회를 이루는 일부이
기도 합니다. 혼자라고 느끼더라도, 실제로 혼자 있더라도
마찬가지입니다. 기도하는 교회는 하나의 지역 공동체 혹은
한 국가나 한 세대의 교회만을 뜻하지 않습니다. 바로 그리
스도의 거룩한 공교회Holy Catholic Church, 곧 모든 장소와 모든
시대에 있는 하느님의 백성을 의미합니다. 장소와 시간의 차
이, 문화의 차이, 우리가 서로를 구분 지으며 일으키는 불행
한 분열이 자신의 기도가 그리스도 안에 있음을 아는 이들의
일치를 방해할지도 모릅니다. 그러나 무너뜨리지는 못합니
다. 이 말이 하느님께서 각 사람에게 주신 고유함 속에서 홀
로 드리는 개인 기도는 없다거나 부정해야 한다는 뜻은 아닙
니다. 오히려 그리스도인이라면 예배하는 교회의 전례에서
힘을 얻어 그 어느 때보다도 더 완전하게 자기다운 기도를
드릴 것입니다. 그리하여 자신의 헌신을 전례 안으로 가져와
제물로 바칠 수 있게 될 것입니다.

성찬은 하느님과 그분께서 구속하신 백성 사이에 일어나
는 가장 고귀한 만남의 장입니다. 성찬은 예수의 죽음을 기
억함으로써 이루어집니다. 이 자리에서 우리는 죽으시고 다
시 사신 예수를 받아먹으며 자랍니다. 그리고 그분의 완전
한 희생에 참여하여 우리 자신을 아버지 하느님께 제물로 바

칩니다. 각 그리스도인은 이 거룩한 활동에 자신의 기도를 함께 바칩니다. 이 활동에서 각 그리스도인은 하느님의 힘을 받아, 그 힘에 기대어 조용한 시간에 홀로 기도합니다. 전례를 보살피고 준비하는 직무를 맡은 이들이 전례, 개인 기도, 묵상 사이의 관계에 더 깊은 관심을 기울이기를 바랍니다. 전례 안팎에 비어 있는 모든 순간을 음악과 여러 활동으로 채워버리면, 전례는 그리스도인이 묵상과 관상으로 마주하게 되는 삶의 면모들에 가닿지 못합니다.

다시 한번 말하지만 홀로 기도로 씨름하고 있는 그리스도인은 결코 혼자가 아닙니다. 설령 현실에서 그리스도교 공동체의 도움을 받지 못한다 해도 말이지요. 세상 구석구석에서 수많은 그리스도인이 기도하고 있습니다. 박해와 잔혹함으로 얼룩진 자리들에서도 기도하고 있습니다. 모든 기도가 그리스도의 곁에 있습니다. 이 사실을 기억하는 것만으로도 홀로 기도하는 이는 힘을 얻을 수 있습니다.

공동 기도서(성공회 기도서)에서 본기도collect, 시편, 성가와 같은 것들을 가져와 개인 기도에 활용하는 것도 하느님의 기도하는 백성과 연결되는 좋은 방법입니다. 어떤 시편들은 기도하는 이를 예수께서 드리시는 기도, 세세토록 기도하고 있는 교회와 깊이 연결해 줍니다. 대표적으로는 시편 119편을

들 수 있습니다.

4. 기도하는 그리스도인은 성도의 기도가 자기 곁에 있음을 잊지 않습니다. 뒤에 나오는 장에서는 성도의 상통(성도의 교제)Communion of Saints, 즉 지상과 낙원과 하늘에 있는 모든 성도의 하나됨에 대해 살펴보겠습니다. 성인들을 포함해 성도가 우리를 위해 기도한다고 해서 그들이 예수의 유일한 중보 활동을 대신하거나 보완하는 존재가 되는 것은 아닙니다. 그런 오해를 가질 필요는 없습니다. 우리는 다만 하느님의 뜻을 더 잘 알고 기도하는 다른 그리스도인들이 기도로 우리를 부축해 주기를 바라는 마음으로 기도할 뿐입니다. 이때 '다른 그리스도인'에는 우리 곁에서 우리를 위해 기도하는 사람, 지구 반대편에서 기도하는 사람뿐만 아니라 죽음을 넘어 더 가까이서 하느님의 거룩함과 아름다움을 바라보는 성인들까지 포함되는 것이지요.

5. 마지막으로, 기도하는 그리스도인은 세상에서 영감을 길어 냅니다. 때로 그는 세상에서 발견한 아름다움에 자극을 받아 경이로워하고 예배합니다. 때로는 선하고 지혜롭게 살아가는 이들의 생활 가운데 현존하시는 하느님의 말씀이 감

사와 경외를 불러일으킵니다. 또 어떤 때는 인간의 자기희생을 두 눈으로 보고, 다시금 골고다로 나아가게 됩니다. 그리고 이 모든 일보다 더 자주 일어나고 익숙할 일이 있습니다. 바로 세상의 고통을 마주하고 마음이 뒤흔들려, 예수의 자비를 목말라하며 기도하는 것입니다. 그렇게 그리스도인은 예배와 기도로 세상을 섬깁니다. 하느님을 예배하는 것은 성이레네우스St. Irenaeus가 전한 진리를 다시 붙잡는 일입니다.

> 하느님의 영광은 살아있는 인간이다. 인간이 온전한 삶은 하느님을 보는 것이다.*

2세기경 익명의 저자가 기록한 『디오그네투스에게 보낸 편지』Letter to Diognetus는 세상에서 그리스노인이 감당하는 역할을 빼어나게 묘사합니다.

> 몸 안에 영혼이 있듯 세상 안에 그리스도인이 있습니다.**

---

* 『이단 반박』Adversus Haereses 4권 20장 7절에 나오는 표현이다.
** 『디오그네투스에게 보낸 편지』 6장 시작 부분에 나오는 표현이다.
『디오그네투스에게』(분도출판사).

그렇게 그리스도인은 기도로 세상이 잃어버린 제 영혼을 되찾도록 돕습니다.

# VIII

# 관상을 향하여

그리스도교 기도에는 묵상이라는 요소가 자주 나타납니다. 개인 기도에서든 전례에서든, 그리스도인은 하느님을 향해 말씀을 드리기에 앞서 그분을 생각합니다. 아주 미미하게라도 말이지요. 토머스 크랜머Thomas Cranmer가 남긴 많은 본기도는 간구하기 전에 하느님의 위대하심과 선하심을 떠올리며 시작합니다.

오 하느님, 당신을 사랑하는 자들을 위하여 사람의 지혜로 알 수 없는 좋은 것들을 예비하셨나이다.

모든 능력과 권능의 주님, 선한 모든 것을 지으시고 베풀어 주시나이다.

전능하시고 자비로우신 하느님, 신실한 당신 백성이 참되고 훌륭히 당신을 섬김은 오직 주신 은총에서 비롯되나이다.

전능하신 하느님, 택하신 이들을 당신의 아들 그리스도 우리 주의 신비로운 몸 안에서 한 성찬과 친교로 묶으셨나이다.

전능하시고 영원하신 하느님, 고결한 사랑으로 인류를 향하여 당신의 아들 우리 구세주 예수 그리스도를 보내시어 우리 육신을 취하게 하시고, 십자가 죽음을 겪게 하시어 전 인류가 크신 겸손의 본을 따르게 하셨나이다.

전능하신 하느님, 외아들 예수 그리스도를 통하여 죽음을 이기시고 우리에게 영원한 생명의 문을 여셨나이다.

대안 예배서The Alternative Services Book*는 위와 같은 묵상의 측면을 강하게 드러내는 기도문을 다수 수록하고 있습니다.

전능하신 하느님, 지극히 사랑하시는 아들께서는 기쁨에 오르시지 아니하시어 먼저 고통을 겪으시고, 십자가 수난에 앞서는 영광에는 들지 아니하셨나이다.

평화의 하느님, 영원한 계약의 피로 양 떼의 위대한 목자 우리 주 예수 그리스도를 죽은 자들 가운데서 다시 끌어내셨나이다.

간구에 앞서 우리의 마음과 정신은 자연스럽게 하느님에 대한 묵상으로 이끌립니다. 이 묵상에 너 많은 공산을 내어술수록 기도는 점점 더 '말하기'뿐 아니라 '듣기'를 품게 되고, 혼잣말이 아니라 하느님과의 대화가 되어 갑니다. 전례는, 그리고 전례 중 드리는 기도는 그 자체로 묵상의 성격을 지니고 있습니다. 그러나 이러한 묵상의 힘이 가장 깊이 드러

---

* 1662년판 성공회 기도서 이후 영국 성공회에서 처음으로 제작한 기도서. 1662년판 성공회 기도서를 대체하는 기도서가 아닌, 대안으로 제안한다는 의미를 강조하는 차원에서 이와 같은 이름을 붙였다.

나는 순간, 하느님을 바라보고 마음이 고요해지며 함께하시는 그분을 깊이 느끼는 순간은 말 없는 침묵의 순간입니다.

성서는 묵상기도와 이를 가능하게 하는 침묵에 대해 힘있게 증언합니다. 성서는 곳곳에서 사람들에게 "깊이 생각해 보라"고 간곡히 요청합니다. 예수께서 말씀하십니다.

들의 백합화가 어떻게 자라는가 살펴보아라. (마태 6:28)

시편 저자가 말합니다.

하느님을 잊은 자들아, 이 모든 것을 깨달아라. (시편 50:22)

시편 8편은 광대하고 경이로운 하느님의 창조와 사람이 우주 안에서 감당하는 놀라운 역할을 묵상합니다.

당신의 작품,

손수 만드신 저 하늘과

달아놓으신 달과 별들을 우러러보면

사람이 무엇이기에 이토록 생각해 주시며

사람이 무엇이기에 이토록 보살펴 주십니까?

야훼, 우리의 주여!

주의 이름 온 세상에 어찌 이리 크십니까! (시편 8:3~4,9)

여기서 시인은 자신의 믿음을 단순히 설명하는 데 그치지 않습니다. 하늘과 인간의 자리라는 놀라운 현실을 상상하고, 그 경이로움 앞에서 경탄하도록 독자들을 부릅니다. 그러나 쉼 없이 이어지는 일들과 그 일들이 만들어 내는 소음은 "깊이 생각하는 능력"을 떨어뜨리지요. 그래서 침묵의 역할이 극히 중요합니다. 성서는 하느님과의 관계에서 침묵이 특별히 두 가지 방식으로 나타난다고 말합니다. 하나는 경외심과 두려움을 불러일으키는 하느님의 현존이나 음성이 우리를 침묵시키는 경우입니다.

무서워하여라, 다시는 죄짓지 마라.

자리에 누워 반성하여라,

고요를 깨지 마라. (시편 4:4)

두 번째는 인간이 하느님의 소리를 듣기 위해 스스로 침묵을 추구하는 경우입니다. 이런 식으로 모세와 엘리야는 광야에서 침묵하며 하느님을 찾았습니다. 예수께서도 산에서 가만히 멈추어 게시며 아버지를 찾으셨지요. 성서는 침묵의 이러한 양 측면을 되풀이해 보여 줍니다.

> 너희는 멈추어 서라.
> 그리고 내가 하느님인 것을 알아라.
> 나는 민족들 가운데서 높임받는다.
> 땅에서 높임받는다. (시편 46:10)

침묵은 하느님을 더 깊이 의식할 수 있게 해 줍니다. 정신과 상상력이 그분의 진리에 머물게 해 줍니다. 침묵을 통해 기도는 말하는 일이기에 앞서 듣는 일이 될 수 있습니다. 그렇게 침묵은 우리 자신을 발견할 수 있게 합니다. 우리가 소음을 만들어 내고 있거나, 우리의 귀가 소음에 파묻혀 있을 때는 쉽지 않은 일이지요. 때로는 내면에 고요함이 찾아옵니다. 그 안에서 영혼은 평화롭고 기운이 넘치는 새로운 차원에 놓인 자신을 발견합니다. 분주히 살다가는 놓쳐버리기 쉬운 차원입니다. 성서가 기록된 시대에도 침묵을 지키기란 쉬운 일이 아니었지만, 오늘날 우리가 살아가는 세상에서는 과거보다 훨씬 더 어려운 일이 되어 버렸습니다. 속도와 소음이 질릴 정도로 가득한 세상에서는 침묵만이 참된 자유를 누리도록 도울 수 있습니다.

묵상이 교회와 그리스도인이 드리는 기도에 스며드는 방식은 다양합니다. 침묵의 시간은 그리스도인이 교회의 예배를 통한 성사sacrament에 더 깊이 참여할 수 있게 해 줍니다. 성찬은 죽으시고 다시 사신 그리스도의 신비를 교회가 마주하는 중심 자리입니다. 성찬에 참여함으로써 그리스도인은 침묵의 시간을 누릴 힘을 받습니다. 동시에 그가 평소에 지키는 침묵의 시간은 성찬에 참여하는 그의 마음과 헌신을 더 깊고 진실하게 해 줍니다. 그리스도인이 침묵할 때, 그 침묵으로 창조주 하느님의 경이로움이 스며들기도 하고, 예수의 삶과 죽음과 부활에 대한 기억이 흘러 들어오기도 합니다. 그분의 생애와 관련된 장면들, 혹은 성서 구절이 떠오를 때도 있지요. 하느님의 손길이 닿은 사연의 아름다움이 깊은 인상을 남기기도 하며, 삶에서 받은 복에 대한 감사가 솟구칠 때도 있을 겁니다. 때로는 경이와 아름다움을 노래하는 시인의 언어가 흘러 들어올 수도 있습니다. 이 모든 것이 묵상을 불러일으킬 수 있습니다. 묵상이 어디로 어떻게 이어질지는 미리 알 수 없습니다.

그러나 묵상을 훈련하기도 합니다. 침묵의 시간을 특정한 의도를 가지고 활용하는 것이지요. 지난 4세기 동안 서방 그리스도교는 예수회 창립자인 성 이냐시오 로욜라St. Ignatius Loyola의 저작 『영신수련』Spiritual Exercises에 담긴 가르침과 방법에 직·간접적으로 큰 신세를 졌습니다. 이 수련은 예수 그리스도를 더욱 깊이 따르도록 체계적이고 집중적인 묵상 훈련 과정을 제공합니다. 이 양식은 흔히 삼중 묵상Three-fold Meditation이라고 불립니다. 먼저 성령께서 도와주시기를 기도합니다. 그리고 상상력을 발휘해 성서의 특정 장면이나 주제에 집중합니다. 이어서 기억, 이해, 의지의 단계를 밟아나갑니다. 특정 장면이나 주제를 생생히 기억해 내고, 그 의미를 깊이 생각하며, 그로부터 어떤 결단을 내리는 것이지요. 여기에는 상상력과 생각과 의지가 모두 함께 작동합니다. 이냐시오식 묵상보다 좀 더 유연한 묵상 방법으로는 술피스식 묵상을 꼽을 수 있습니다. 베륄 추기경Cardinal de Bérulle의 지침을 따라 파리의 생 쉴피스 교회에서 올리에J. J. Olier가 가르쳐 이런 이름이 붙었지요. 이 묵상은 그리스도를 바라보고(눈앞에 계신 그리스도), 그분의 마음을 내면에 받아들이고(심장에 계신 그리스도), 그 가르침을 삶의 행동으로 옮기는 흐름(두 손안에 계신 그리스도)으로 진행됩니다. 단순하면서도 깊이 있는 방식이지요. 우리는 먼저 그리스도의 생애에서 묵상할 장면이나 모습을 떠올려 바라보고, 그 메시지를 마음 깊이 받아들이며, 이에 어떻게 응답할지 결단합니다. 이렇게 묵상의 흐름은 눈에서 마음으로, 마음에서 두 손으로 이어집니다. 이렇게 우리는 묵상할 수 있으며, 다른 상황에서도 같은 방식으로 기도할 수 있습니다.

때로는 집중이 깨져버립니다. 그럴 때는 성령의 도움을 구하고, 더 세게 수련하고, 결단하면서 회복할 길을 찾을 수도 있습니다. 그렇지만 집중이 끊임없이 무너지고 도저히 회복의 기미가 보이지 않는다면, 이는 다른 기도의 길로 나아가 보라는 부르심일지도 모릅니다. 실패처럼 보이는 자리가 새로운 가능성을 펼쳐 내는 문이 될 수 있습니다. 묵상 중에 보고 있는 바에 눈이 집중하지 못하거나, 감정이 따뜻해지지 않거나, 생각이 흐트러진다면 이는 이러한 기능을 잠시 멈추고, 하느님을 향한 단순한 갈망을 평소 쓰지 않던 내면의 깊은 곳에서 꺼내 보라는 이야기일지 모릅니다. 그 갈망이 미약해 보일지라도 말이지요. 이때는 이렇게 짧은 기도를 반복해서 드리는 게 좋습니다.

나의 하느님, 당신을 사랑하나이다.
더 사랑토록 도와주소서.
나의 하느님, 당신을 믿나이다.

믿음을 더하여 주소서.

나의 하느님, 당신을 바라나이다.

더 바라도록 도와주소서.

이렇게 짧은 기도를 반복하는 것이 가능하다면, 이는 하느님을 향해 손을 뻗는 갈망이 우리 안 깊은 곳에 살아 있다는 뜻입니다. 이런 기도를 '강행기도'prayer of forced acts라고 부르기도 하지요. 사람들은 대부분 짧은 기도를 반복하며 감정을 실어 보려 애쓰곤 합니다. 하지만 이내 감정도, 의지도 사라지고 하느님을 향한 작은 갈망 하나만 남게 되지요. 안타깝게도 많은 사람이 이 지점에서 기도가 실패했다고 느끼며 포기해 버립니다. 이때야말로 기도가 하느님과 새로운 방식으로 가까워지는 순간일 수 있는데 말이지요. 이런 상황에서 기도는 무언가를 이루려 애쓰는 행위라기보다, 그저 하느님께 마음을 열어 두는 고요한 상태에 가깝습니다. 그 열린 마음, 완전히 발가벗겨진 채 하느님에 대한 작은 갈망만 남은 그 영혼은 하느님의 사랑과 능력이 새롭게 흘러 들어오는 자리가 됩니다.

기도가 이와 같이 나아간다면 (성서를 부지런히 읽고 다른 자리에서 여러 생각을 하더라도) 기도할 때만큼은 억지로 묵상하려 애쓰거나 머리를 쓰려하지 않는 것이 바람직합니다. 그저 고요히 하느님께 마음을 열고, 단순히 그분을 바라는 기도에 머무십시오. 단순기도Prayer of Simplicity라고 불리는 이 기도는 수동적인 만큼 강력할 수 있습니다. 겉으로는 세상과 멀어진 기도처럼 보이지만, 오히려 하느님 사랑이 흘러 나갈 의외의 길을 열어 다른 어떤 기도 못지않게 세상을 깊이 섬기는 기도가 될 수 있습니다.

이제부터는 그리스도교 신비주의Christian Mysticism라는 거대한 주제를 다루어 보려 합니다. 이 주제는 위대한 성인들이 남긴 깊은 체험을 담고 있습니다. 모든 그리스도인이 반드시 이런 경험을 하지는 않지요. 그렇다고 이 주제가 아주 낯설기만 한 주제는 아닙니다. 그리스도교 신비주의는 어려운 이론이 아니라, 기도하는 가운데 누구나 겪을 수 있는 실제 경험에서 출발했기 때문입니다. 하느님을 사랑하고 섬기며 기도하려 애쓰는 이라면 누구나 관상의 자리에, 하느님께 고요히 마음을 여는 자리에 닿을 수 있습니다.

그리스도교 안에서 신비주의의 역사는 기도하며 다른 이들에게 기도를 가르쳤던 수많은 남녀 신비주의자의 이름과 함께 오랜 세월 이어져 왔습니다. 그들 중 몇몇은 신비에 관련된 아름다움과 깊은 지혜를 담은 책을 남겼습니다. 신비주의자들은 매우 다양합니다. 수도자의 소명을 따르는 이들도 있고, 세속 세계에서 사람들을 섬기는 일을 하며 살아간 이들도 있지요. 어떤 신비주의자들은 하느님에 대해 사유하며 플라톤주의자의 면모를 일부 보이기도 합니다. 하지만 어떤 이들은 그런 면모를 전혀 보이지 않기도 하지요. 이처럼 문화와 시대 배경은 다르지만 신비주의자들 사이에는 놀라운 공통점이 있습니다. 즉, '관상'Contemplation 혹은 '신비 신학'Mystical Theology이라고 불리는 현상에는 반복해서 나타나는 일정한 특징이 있습니다.

이를 표현하기 위해 유용하지만 다소 논쟁적인 '주입된 관상'Infused Contemplation과 '획득한 관상'Acquired Contemplation이라는 용어를 쓰기도 합니다. 전자는 하느님께서 특정 소명을 따라 특정 사람에게 주시는 특별한 선물을 가리키고, 후자는 세례의 은총 안에서 그리스도인답게 살고자 하는 모든 이에게 열려 있는 관상을 뜻합니다. 기도도, 그리스도인의 삶 전체도 하느님께서 주시는 선물이기에 후자에 대해 '획득한'이라는 표현을 쓰는 게 아주 적절하지는 않습니다. 그럼에도 이 구분 자체는 중요합니다. 모든 신자가 누릴 수 있는 관상과 하느님께서 특별한 방식으로 주시는 관상 체험은 분명 다르기 때문입니다.

'관상 수도자'a contemplative라는 용어도 마찬가지입니다. 가장 높은 형태의 관상이라는 선물을 받은 이들을 가리키는 말로 쓰기도 하고, 삶의 중심에 관상기도와 침묵을 두도록 부르심을 받은 이들, 전자보다는 더 넓은 범주에 속하는 사람들을 가리킬 때 쓰기도 하지요. 하지만 이 두 용례만 강조하다 보면, 모두가 누릴 수 있는 관상기도가 있음을 놓치기 쉽습니다. 분주한 일상 가운데 하느님께서 주신 관상의 은사를 받고 누리는 이들을 간과할 수도 있지요.

신비주의자들이 말하는 관상은 기도입니다. 이를 통해 생각이나 상상, 그리고 피조물을 보며 느끼는 기쁨이 모두 조용히 가라앉고, 고요한 상태에서 하느님을 향해 마음이 열리며, 영혼의 깊은 자리가 드러나 그곳에 그분의 사랑이 흘러 들이오지요. 즉, 관상은 하느님을 바라고, 받아들이며, 사랑하는 기도입니다. 그리고 이 관상 이전에는 영혼의 어두운 밤Dark Night of the Soul이라는 과정이 찾아옵니다. 영혼의 어두운 밤은 정신이나 몸이 겪는 '외적 고통'을 뜻하지 않습니다 (그리스도인이라면 누구나 삶의 과정 가운데 십자가를 지는 순간이 찾아오지만 말이지요). 정확히 말해 '영혼의 어두운 밤'은 기도가 깊어질 때 경험하는 영적인 어둠을 뜻합니다. 이때 그동안 알고 있던 심상들로는 하느님이 전혀 붙잡히지 않고, 완전히 낯선 실재 앞에 섰다는 생각이 들며, 어두움만이 가득합니다. 하느님께서 주시는 사랑과 그 사랑에 응답하려는 마음 외에는 거의 모든 것이 발가벗겨진 채로 남게 되지요. 그래서 어떤 신비주의자는 이를 "너무 찬란해 오히려 어두운 빛 한 줄기"라고 표현하기도 했습니다. 이 외에도 몇몇 신비주의자들은 이 '어두운 밤'과 '관상'이 거의 한 사건의 두 면처럼 서로 맞닿아 있다고 이야기하지요.

어두운 밤은 보통 두 단계('감각의 밤'Night of the Senses과 '영의 밤'Night of the Spirit)로 묘사됩니다. 첫 번째 단계인 감각의 밤은 관상에 들어가기 전 반드시 거치게 되는, 발가벗겨지는 과정을 가리킵니다. 두 번째 단계인 영의 밤은 가장 깊은 관상의 문턱에 해당합니다. 이 단계는 매우 드물고 깊은 체험이라, 이와 관련해서는 실제로 겪은 신비주의자들의 말에 의지할 수 있을 뿐입니다. 이들에 따르면 영의 밤에서는 그동안 영혼이 믿고 익혀 온 하느님에 대한 모든 이해와 틀이 어둠 속으로 사라집니다. 하느님께서는 우리가 말로 규정해 온, "하느님은 이렇다, 혹은 저렇다"라고 이야기하는 모든 개념과 심상을 넘어서는 신비이시기 때문에 "하느님은 이렇지도, 저렇지도 않다"라는 말 역시 참될 수 있습니다. 감각의 밤이 관상으로 들어가기 전 누구나 겪을 수 있는 일종의 준비 단계라면, 영의 밤은 가장 깊은 관상에 이른 이들만이 경험하고 말할 수 있는 특별한 단계입니다.

신비주의자들의 언어를 억지로 풀어 설명하는 것은 사실 어리석은 일입니다. 그래서 이 지점에서는 신비주의자들 본인이 경험한 바를 기록한 문장들을 계속 나열하고픈 생각이 들곤 하지요. 하지만 제아무리 길게 인용하더라도 실제 체험의 극히 일부분만 전달할 뿐입니다. 신비 체험은 진공 상태에서 일어나는 일이 아니라 하느님을 섬기는 삶 한가운데, 그리고 세상을 섬기는 삶 한가운데서 일어나는 일이기 때문입니다. 이런 한계를 감안하면서 짧게나마 한 본문을 살펴보겠습니다. (다음 장에서 또 살펴보겠지만) 익명의 저작『무지의 구름』The Cloud of Unknowing은 관상의 핵심을 가장 온전히, 그리고 가장 순수한 언어로 설명해 주는 내표적인 책입니다.

처음 이 일을 시작할 때, 당신은 어둠만을 만나게 될 것입니다. 그리고 마치 무지라는 구름 속에 있듯, 무슨 일이 일어나는지 전혀 알지 못할 것입니다. 당신의 의지 안에는 하느님을 향한 발가벗은 의지, 순수한 하나의 갈망만 있게 될 것입니다. 이 어둠과 이 구름은 무슨 일을 하든지 당신과 하느님 사이에 놓여 있습니다. 그리고 당신에게 말합니다. 이해의 빛으로는 하느님을 뚜렷이 볼 수 없다고, 달콤한 감정만으로는 그분을 느낄 수 없다고. 그러니 이 어둠 속에 최대한 오래 머무르십시오. 당신이 사랑하는 그분을 향해 끊임없이 부르짖으십시오. 이 땅에서 당신이 그분을 느끼거나 볼 수 있는 순간이 있다면, 그건 이 구름과 어둠 가운데서만 가능할 것입니다. 그러므로 무언가를 열망하는 사랑이라는 예리한 화살을 지니고 저 짙은 구름을 향해 미소 지으십시오. (3장)

그러면 그분께서 당신과 그분 사이에 있는 이 무지의 구름을 갑자기 벌리시며, 영의 빛을 한 줄기 내보내 주실지 모릅니다. 아니면 말로는 다 할 수 없는 당신 자신에 관한 비밀을 어느 정도는 당신에게 나누어 주실지 모릅니다. 그때 당신은 그분께서 보내시는 사랑의 불길에 마음이 타오르는 것을 느끼게 될 것입니다. 그 느낌은 제가 지금 당신에게 말할 수 있는 것보다 훨씬 더 크고 깊을 것입니다. 그 일은 하느님만이 하실 수 있는 활동이기에 제 서툰 혀로는 감히 더 말할 엄두가 나지 않습니다. 아니, 감히 할 수 있을지라도 그렇게 하지는 않을 것입니다. (26장)

그리스도교 신비주의자들이 이해한 관상은 그리스도교 신

앙과 어떤 관련이 있을까요? 어떤 사람들은 그리스도교 신비주의자들이 이야기하는 관상이 불교나 다른 종교의 관상과 크게 다를 바 없다고 이야기합니다. 몇몇 기도 방식과 기법은 비슷해 보일 수 있습니다. 하지만 그렇다 해도 관상이 이루어지는 신앙의 배경과 삶의 목적은 전혀 다르지요. 그리스도교 관상에서는 이 신앙의 맥락이 다른 무엇보다 중요합니다. 그리스도교에서 관상의 목적은 특별한 체험이 아닙니다. 예수 그리스도를 통해 드러난 하느님의 주권 아래, 그분을 사랑하고 섬기는 것이지요. 누군가 그리스도교에서 이야기하는 관상을 실제로 했는지는 보통 그 사람이 신앙의 삶을 어떻게 일구는지를 보고 알 수 있습니다.

그리스도교 신비주의와 관련된 또 다른 문제는 이 신비주의가 플라톤주의의 신 개념과 어떤 관계를 맺고 있느냐는 것입니다. 5세기 시리아 출신의 플라톤주의 철학자 디오니시우스Dionysius가 그리스도교 신비주의에 상당한 영향을 미친 것은 분명합니다. 그는 '영혼의 어두운 밤'이 찾아오는 순간, 관상이 이루어지는 순간을 부정의 길과 연결해 가르치곤 했습니다. 부정의 길, 부정 신학은 하느님을 직접 규정하기보다는 "하느님은 이런 분이 아니다"라고 말함으로써 그분의 헤아릴 수 없는 신비를 드러내지요. 이때 우리는 그리스도교 계시가 표현하는 하느님의 신비로움을 이해하는 데 도움을 주는 플라톤주의와 그 계시를 왜곡하는 플라톤주의를 구분해야 합니다. 역사 전체를 보면 그리스도교 신비주의 전통은 하느님을 만물의 창조주로, 예수를 구원자로 고백하는 그리스도교 신앙의 틀에 대체로 충실했습니다. 플라톤주의는 인간 영혼이 본래 신성하며, 그렇기에 결국 신과 하나가 된다고 이야기합니다. 반면 그리스도교는 인간 영혼이 하느님에 의해 창조되었으나 지금은 죄 안에 있다고, 그렇기에 창조주 하느님과 화해하여 하느님과의 하나됨을 추구해야 한다고 이야기합니다.

어떤 이들은 관상이 사도 시대부터 내려오는 그리스도교와 무슨 관련이 있는지 의구심을 품기도 합니다. 이들은 신비주의란 인간이 스스로 하느님께 올라가려는 경건의 사다리와 같아 바울이 이야기한 '오직 믿음', '오직 은총'과 충돌한다고 주장하지요. 하지만 실제로 관상은 인간의 노력보다는 하느님께 자신을 열어 두는 수동성에 초점을 맞추고 있습니다. 그러한 면에서 '행위에 의한 구원'을 비판하며 '오직 믿음', '오직 은총'을 드러내지요. 종교개혁을 이끌었던 마르틴 루터Martin Luther와 개신교 종교개혁에 반대했던 십자가의 성 요한St. John of the Cross 모두 하느님께서는 교회가 전통, 선행, 경건에 안주하려 할 때 이를 바로잡으신다고 이야기했습니다. 바로 이 은총에 뿌리내린 기도라는 점에서 관상기도는 사도 시대부터 내려오는 신앙과 부딪히지 않습니다. 그렇다면 신약성서는 관상기도를 어떻게 이야기하고 있을까요? 안타깝지만, 신약성서에는 관상기도에 대한 별다른 언급이 없습니다(고린토인들에게 보낸 둘째 편지 12장 속, 셋째 하늘까지 붙들려 올라간 사람에 대한 바울의 언급이 관상을 투박하게나마 언급하는 것이라고 볼 수도 있겠지만 말이지요). 그러나 바울과 요한은 그리스도인의 기도와 삶을 하느님과 예수께서 신자와 함께 깊이 머무시는 일로 묘사하며, 이를 재림의 영광을 미리 맛보는 것으로 그립니다. 그러므로 아래의 말씀을 읽는 우리는 관상의 세계에서 그리 멀리 있는 게 아닙니다.

> 나를 사랑하는 사람은 내 말을 잘 지킬 것이다. 그러면 나의 아버지께서도 그를 사랑하시겠고 아버지와 나는 그를 찾아가 그와 함께 살 것이다. (요한 14:23)

IX

# 신비주의의 길

그리스도교 신비주의 전통에 속한 성인들과 고전들은 여러 세기와 다양한 지역에 퍼져 있습니다. 성스러움에 관해 우리는 중세 이탈리아의 성 프란치스코에게 영감을 얻기도 하고, 현대 우간다의 순교자들에게 감동하기도 합니다. 마찬가지로 시대와 지역을 넘어 전해 내려온 신비주의자들의 삶과 가르침에서 우리는 많은 도움을 받을 수 있습니다.

이 장에서는 호소력 있는 이야기로 오늘날 그리스도인의 상상력을 사로잡는 신비주의의 두 갈래를 살펴보려 합니다. 바로 14세기 잉글랜드의 신비주의자들과 16세기 스페인의 가르멜회 수도자들입니다. 두 전통은 시대와 지역이 다르지만, 놀라울 정도로 내적 친연성을 이루고 있습니다. 우리에게 들려주는 소리도 그만큼 겹치는 부분이 많지요.

잉글랜드 대부분이 흑사병으로 황폐해진 시기에 소수의 그리스도인 저술가가 등장했습니다. 모두 자신의 깊은 체험을 바탕으로 하느님을 향해 나아가는 기도의 여정을 아름다운 영어로 표현했지요. 그들은 기도와 학문으로 깊게 다져진 수도원 전통 안에 머물렀지만, 조언을 구하며 찾아온 많은 이에게 상황에 맞는 영적 조언을 해 주었습니다. 그들의 영성은 특별한 소수만을 위한 것이 아니라 다수를 위한, 평범한 사람들을 위한 것이었습니다.

그중 대표적인 사람으로는 요크셔 출신의 리처드 롤Richard Rolle을 꼽을 수 있습니다. 1349년 그가 세상을 떠나자, 그를 영적 권고자로 모셨던 시토회 수녀들이 그의 글을 모았습니다. 롤은 많은 시와 묵상을 남겼으며, 가장 유명한 작품으로는 『사랑의 불길』The Fire of Love을 들 수 있습니다. 이 작품에서 그는 기도가 주는 다양한 기쁨, 그리고 그 기쁨들의 끝임과 동시에 목적이라 할 수 있는 하느님과의 하나됨을 따뜻하고도 열정적인 문체로 묘사했습니다. 롤이 묘사한 기도는 감정과 열기로 가득해 이를 관상기도보다는 은사 중심의 기도로 보는 게 적절할지도 모르겠습니다. 하지만 그에게 기도란 언제나 십자가의 길로 이어지는 것이었습니다.

이 삶에서 신성한 진노의 불은 우리의 남은 죄를 태워 없애고 우리 영혼을 정화할 수 있습니다. 혹은 이 삶이 끝나고 연옥의 불이 우리의 영혼을 고통스럽게 해 그 정화를 이룰 수도 있습니다. 오 선하신 예수여, 지금 저를 채찍질하소서, 지금 찌르소서, 지금 치소서, 지금 태우소서. 그리하여 앞으로 어떠한 악도 남지 않게 하시고, 다만 당신의 사랑을 지금부터 영원토록 느끼게 하소서.

하느님을 향한 사랑과 사람들을 향한 사랑의 열기 가운데서도 그는 기도의 목표가 관상에 있음을 조금도 의심하지 않습니다.

『무지의 구름』은 신비주의 전통을 깊이 이해한 익명의 저자가 담백하고도 간결한 문체로 쓴 작품입니다. 관상을 담백하고도 고전적인 방식으로 설명하며, 어두운 밤과 하느님의 사랑을 온전히 받아들이는 수동적 자세를 타협 없이 강조하고 있지요. 신비주의와 신학의 깊은 내용을 영국식의 간결하고 힘 있는 문체로 놀랍도록 잘 풀어내고 있습니다.

지성의 측면에서 하느님은 끝내 온전히 불가해하시나, 사랑의 측면에서 우리는 사람마다 각기 다르다 할지라도 그분을 온전히 알아차릴 수 있습니다. ... 이 삶에서 사랑은 하느님께 닿을 수 있지만, 앎은 그렇지 못하기 때문입니다. ... 그러므로 그녀(막달라 마리아)는 이 무지의 구름에 자신의 사랑을 걸어두고, 이 삶에서 자신의 이성으로는 분명하게 알 수 없는 그분을 사랑하는 법을 익혔습니다. (46장)

저자는 롤이 말했던 '달콤한 체험'에 대해 경고합니다.

기도할 때 밖에서 오는 소리, 고요함, 달콤한 느낌 같은 모든 것을 의심하기를 바랍니다. 육적이든 영적이든 그런 달콤함과 위로는 부수적일 뿐입니다. ... 거기에 너무 기대지 마십시오. 그런 체험 때문에 하느님을 사랑한다고 착각할 수 있습니다. (49장)

관상의 목표에 관해서는 염원을 담아 이렇게 말합니다.

하느님께서는 지금 당신의 모습이나 과거의 모습을 보시지 않습니다. 당신이 되려 하는 그 모습을 자비로우신 눈으로

보십니다. (132장)

파리에서 공부했고 노샘프턴셔의 스로그모턴에서 수도자로 활동했던 월터 힐턴Walter Hilton(1396년 사망)은 앞서 소개한 이들과는 다른 유형의 스승이었습니다. 그 역시 관상을 추구하며 영적 여정의 어둠과 영광을 모두 경험했던 사람이었지만, 가장 낮은 자리에서 한 걸음씩 신자들을 인도하는 사목자로서 글을 썼습니다. 그는 그리스도인의 삶 전체에 관심을 보였고, 대표작 『완전의 사다리』The Ladder of Perfection*에는 제목 그대로 삶의 모든 단계가 순서대로 정리되어 있습니다. 그는 모든 그리스도인이 세례 시 받은 하느님의 은총으로 기도의 높은 경지에 도달할 수 있다고 확신했습니다. 무엇보다 그는 매우 온화한 사람이었습니다. 감사의 밤에 들어서기를 두려워하는 이들에게 그 단계를 힐턴처럼 다정하고 공감 어린 태도로 설명한 사람은 없습니다. 하지만 가장 돋보이는 부분은 예수께서 길임과 동시에 안내자이시라고 말할 때 드러나는, 복음을 향한 그의 열정입니다. 그는 말합니다.

---

* 다음 책으로 번역이 되어 있다. 『완전의 계단』(크리스천다이제스트).

우리를 빚어내시고 다시 빚으시는 분은 예수이십니다. 그러니 두려워하지 마십시오. 그 불은 당신을 해치지 못할 것입니다.

우리 안에 선한 갈망을 일으켜 주시는 분도 예수이고, 그 열망을 우리와 함께 이루어 가시며 당신의 일로 삼아 함께 책임져 주시는 분도 예수입니다.

하느님께서는 영혼의 눈을 여시고 그 영혼에 놀라운 방식으로 예수의 모습을 보여 주십니다. 하느님께서는 영혼이 감당할 수 있는 만큼 조금씩 그분을 알게 하십니다. 그렇게 예수를 바라보는 가운데, 하느님께서는 우리 영혼의 모든 면모를 당신께로 끌어 올리십니다. … 이 사랑이 다름 아닌 예수입니다. 그분은 사랑으로 한 인간의 영혼 안에서 이 모든 일을 하시고, 그 영혼을 당신의 모습으로 빚어가십니다.

예수를 향한 이 깊은 헌신 가운데서도 힐턴은 성부와 성령을 잊지 않았습니다. 그래서 그는 그리스도인의 기도를 복되신 삼위일체 하느님과의 관계라는 측면에서 설명합니다.

그렇다면 깊고 조용하게 관상을 지향하는 신앙이 일상에

서 지극히 현실적인 문제들에 시달리는 각계각층의 대다수에게 도움이 될 수 있을까요? 그 답은 가까운 곳에서 찾을 수 있습니다. 바로 신비주의자였던 노리치의 줄리언Julian of Norwich이지요. 그녀의 저술에는 관상 체험의 흔적이 묻어 있습니다. 줄리언은 하느님을 발견하는 일이 자기 자신을 발견하는 일과 연결되어 있음을 알려 줍니다. 그녀가 쓴 『신성한 사랑의 계시』Revelations of Divine Love*는 매우 중요한 책입니다. 관상기도를 상세히 설명해 주어서가 아닙니다. 사실 이 책에서 관상이 차지하는 부분은 그리 많지 않지요. 이 책이 중요한 이유는 한 사람의 그리스도교 신비주의자가 시인, 선지자, 사목자, 예언자, 신학자로서 세상에 무엇을 줄 수 있는지 보여 주기 때문입니다. 뿌리가 깊을 때 놀라운 열매가 맺히는 법입니다. 최근 많은 이가 줄리언의 서술을 읽고, 또 소개하고 있습니다. 이 장에서는 그녀의 신비주의가 그리스도교의 다른 측면들과 어떻게 연결되는지에 주목해 보려 합니다.

1375년 5월 8일, 줄리언은 환시를 보았습니다. 그로부터 21년이 지나서 자신이 본 것을 성찰하고 의미를 해석해 글로 남겼지요. 줄리언은 시인의 마음과 신학자의 정신을 모두 갖

---

* 다음 책으로 번역이 되어 있다. 『사랑의 계시』(가톨릭출판사).

춘 이였고, 자신의 머리와 심장을 다 바쳐 환시를 통해 본 예수를 해석했습니다. 그 성찰들은 그리스도인의 믿음과 삶이 펼쳐지는 전 영역을 아우릅니다. 그녀가 경험한 계시들의 원천은 예수의 수난이었습니다. 줄리언은 거기서 신앙에 대한 모든 물음을 푸는 열쇠가 나오는 모습을 보았습니다. 그래서 줄리언의 이야기는 그녀 마음 깊은 곳에 있는 갈망을 살피면서 시작됩니다. 줄리언은 예수의 수난을 눈으로 직접 보기를 원했고, 참된 회개를 원했고, 세 가지 상처(참된 회개의 상처, 친절한 연민의 상처, 흔들림 없이 하느님을 열망하며 입는 상처)를 원했습니다. 이 세 가지 상처라는 주제는 그녀의 모든 환시와 묵상에 스며들어 있습니다. 같은 맥락에서 삼위일체 하느님을 완전한 사랑으로 제시하는 환시도 결국 그녀가 예수의 수난을 본 것과 연결됩니다.

이 순간 갑자기 나는 가시관 아래에서 붉은 피가 뜨겁고 생생하게, 그리고 풍부하게 흘러내리는 것을 보았다. 수난 때 가시관이 그분의 복되신 머리를 단단히 죄었던 바로 그 순간처럼 말이다. 고통당하신 분은 하느님이자 인간이신 예수였다. 나는 그분이 어떤 매개도 없이 이를 내게 직접 보여 주셨음을 진정 강렬하게 알 수 있었다. 그리고 같은 장면에서 갑자기 삼위일체 하느님께서 나의 심장을 가장 크고 넘치는 기쁨으로 채워 주셨다. 그리고 그렇게 나는 하늘에서는 모든 이에게 이런 기쁨이 끝없이 있으리라는 것을 알아차렸다. 하느님께서 삼위일체이시기 때문이다. 그분은 우리를 지으신 분이고 지키시는 분이시며, 영원한 사랑이자 영원한 기쁨과 평화이시다. 첫 번째 환시 때 나는 이 모든 광경을 경외심 가운데 보았다. 내 눈앞에 예수께서 나타나실 때마다 그분을 통해 복되신 삼위일체 하느님이 분명하게 드러났다. (4장)

이렇듯 예수의 수난에 담긴 사랑은 창조주께서 피조물을 사랑하시는 방식을 이해하는 열쇠입니다. 줄리언의 말을 빌리면 창조된 세계의 아름다움을 특히 아끼는 이들도 이를 언제나 기억하지는 못합니다.

그때 그분은 내 손바닥 위에 개암나무 열매처럼 작은 무언가를 하나 보여 주셨다. 그것은 공처럼 동글었다. 나는 내 지성의 눈으로 그것을 두고 바라보았다. 그리고 생각했다. '이것이 무엇일까?' 그러자 내 마음에 이렇게 답이 떠올랐다. "이것은 존재하는 모든 것이다." 나는 이 작은 것이 존재를 유지하고 있다는 사실에 놀랐다. 너무 작아 무로 떨어질 것 같았기 때문이다. 그때 내 이해의 귀에 이런 답이 들렸다. "이것이 존재하고 앞으로도 존재할 수 있는 이유는 하느님께서 그것을 사랑하시기 때문이다." 그렇게, 세상 만물이 존재하는 이유가 하느님의 사랑 때문임을 깨달았다. (5장)

이처럼 줄리언은 놀랄 정도로 다양한 이야기를 펼쳐 내면서도 그 안에 깊은 통일성을 이루고 있습니다. 예수께서 흘리신 피가 결국 창조주 하느님의 친절한 자비를 드러내리라는 믿음이 일관되게 흐르고 있기 때문입니다. 줄리언이 쓰는 '하느님의 어머니되심'이라는 표현도 매우 강한 인상을 남깁니다. 그녀에게 이 표현은 단순히 하느님께서 세상을 돌보신다는 의미를 넘어서 예수의 구원 활동을 가리킵니다. 줄리언에 따르면 예수의 구원 활동은 새로운 창조에 속하는 이들을 낳아 기르는 어머니의 일과 같습니다. 이러한 환시들은 줄리언의 생각을 흐리거나 중단시키기는커녕, 도리어 더 치열하게 사유하게 했습니다. 특히 그녀가 깊이 고민한 건 악의 문제였습니다. 줄리언은 두 번에 걸쳐 이 문제에 합리적인 답을 찾으려 시도했지만, 모두 실패로 돌아갔습니다. 그러다 마침내 그녀는 예수의 수난이라는 맥락 안에서만 나올 수 있는 신앙을 고백하게 됩니다.

> 모든 일이 선해질 것이다. 모든 일이 선해질 것이다. 세상의
> 모든 일이 결국 선해질 것이다.

지금까지 살펴본 줄리언의 시적 언어, 통찰력 있는 신학, 예언은 그녀가 관상을 통해 하느님의 사랑과 자기 영혼의 뿌리를 깊이 체험한 데서 흘러나온 풍성한 세계의 일부에 불과합니다. 그녀의 환시, 황홀경, 시, 성찰이 곧 관상은 아닙니다. 그러나 이들은 하느님의 사랑이 흘러넘친 자리에 맺힌 관상의 열매입니다.

> 이 일에서 주님의 뜻을 배우고자 하느냐? 잘 새겨두어라. 사
> 랑이 그 뜻이다. 누가 이를 네게 보여 주었느냐? 사랑이다.
> 무엇이 이것을 네게 보여 주었느냐? 사랑이다. 이 사랑 안에
> 머물라. 그러면 너는 그곳에서 더 많이 배우고 더 깊이 알게
> 될 것이다. 비록 끝없이 알 수는 없다 할지라도. 그리하여
> 나는 깨달았다. 우리 주님께서 만물을 통해 말씀하시려는
> 것은 바로 사랑이라는 것을. (86장)

고난은 때로 성스러움을 길러내는 토양이 되곤 합니다. 아빌라의 성 테레사St. Teresa of Avila와 십자가의 성 요한은 그러한 고난을 배경으로 하는 삶을 살았습니다. 16세기 스페인의 수도원 생활은 지나치게 세속화되고, 수도자들은 안일함에 빠져들고 있었지요. 가르멜회 내부에서는 맨발 가르멜회 Discalced Carmelites로 이름 붙여진 개혁 운동이 자라나고 있었습니다. 이들은 초기 수도 규칙을 회복하고 기도, 친교와 단순한 삶에 헌신하려 했습니다. 그러나 수도회의 다수파는 이를 받아들이지 않았고, 개혁을 추구하는 이들을 박해하고 학대했습니다. 테레사와 요한은 바로 이러한 시대 상황의 한가운데 있었습니다. 1515년에 태어난 테레사는 1552년 아빌라의 가르멜 강생수녀원에 입회했고, 개혁과 영성에 대한 열정으로 다른 가르멜회 수도자들을 이끌었으며, 1562년 성 요셉 수도원을 개원했습니다. 그녀의 저술에 드러난 내면의 삶은 도보여행, 가르침, 공동체 조직 정비, 노소를 불문하고 많은 이에게 베푸는 사목적 돌봄을 불굴의 의지로 실천하는 생활과 하나였습니다. 관상과 행위, 두 길이 그녀 안에서 온전히 잘 어우러져 있던 것입니다.

테레사는 다채로운 시적 심상을 통해 자신이 체험한 환희와 황홀경을 생생하게 묘사했습니다. 그녀는 영적인 삶을 정원에 물을 주는 일, 체스 경기, 누에의 생애, 성에 있는 방들을 통과하는 여정, 파도 위에서 심하게 흔들리는 배로 그렸습니다. 그리고 늘 영적 교사이자 안내자의 마음으로 글을 썼지요. 다른 관상 작가들과 달리, 테레사는 영적 여정의 초기 단계에서도 '더 높은 영적 상승의 단계들'을 우연히 경험할 수 있다고 자주 이야기했습니다. 이러한 테레사의 특징들은 대표작 세 권인 『자서전』The Life*, 『완덕의 길』The Way of Perfection**, 『영혼의 성』The Interior Castle*** 모두에서 선명하게 나타납니다.

『자서전』에서 테레사는 자신의 신앙 여정에 도움을 주었던 환시와 황홀경을 이야기합니다. 초기에는 예수와 지옥을 보여 주는 환시들이 그녀를 결단하도록 이끌었습니다. 이 책에서 그녀는 초심자들을 배려해 모든 그리스도인이 누릴 수 있는 기도의 초기 단계를 자세히 안내합니다. 테레사는 기도의 여러 단계를 '정원에 물을 주는 일'에 빗대어 설명합니다. 먼저, 정원 흙에서 철저하게 잡초를 뽑아내듯 정신과 마음을

---

* 다음 책으로 번역이 되어 있다. 『아빌라의 성녀 데레사 자서전』(분도출판사).

** 다음 책으로 번역이 되어 있다. 『완덕의 길』(바오로딸).

*** 다음 책으로 번역이 되어 있다. 『영혼의 성』(바오로딸).

정리해야 합니다. 그다음에는 다양한 단계의 물 주기 과정을 거치는데, 이를 통해 기도하는 이는 기도가 자신이 노력해서 하는 것이 아닌, 하느님께서 우리 안에서 활동하시는 것임을 깨달아 갑니다. 먼저 우물에서 물을 길어 나르는 단계가 있습니다. 묵상 가운데 근면히 수고해야 하는 단계입니다. 다음에는 우물의 도르래 사용법을 알게 되는 두 번째 단계가 있습니다. 이때 기도하는 이는 기도가 생각했던 것보다 훨씬 더 하느님께서 이루어 가시는 일임을 발견합니다. 시냇물이 땅으로 흘러들어 흙을 놀랍도록 부드럽게 바꾸는 세 번째 단계가 이어지고, 네 번째 단계에서는 정원을 향해 퍼부어지는 비에 흠뻑 젖는 것이 무엇보다도 좋은 방식임이 드러납니다. 즉, 영혼에 부어지고 있는 하느님의 사랑을 잠잠히 받아들이는 것이지요.

> 그때는 우리의 수고 없이 주님께서 정원에 폭우를 내리신다. 이 단계야말로 지금까지 설명한 어떤 방식에 비하더라도 더 나은 방식이다. (『자서전』, 14~16장)

『자서전』에는 이처럼 생생한 은유가 풍부하게 나옵니다. 이 은유들은 그리스도인의 길을 보여 줄 뿐 아니라, 끊임없이 활동하는 가운데서도 '고요한 기도'를 실천했던 테레사의 삶도 같이 보여 줍니다. 이 고요한 기도가 관상의 목표는 아닙니다. 다만 간절히 바라고 겸손한 사람이라면 누구나 도달할 수 있는 기도입니다. 테레사는 '관상'이라는 용어를 기도로 도달하는 깊은 수동적인 체험을 가리킬 때만 썼습니다. 그럼에도 그녀는 기도로 그 목표를 미리 맛볼 수 있음을 알았습니다. 그래서 이렇게 말했지요.

> 우리가 사는 자리에서 평화를 발견한다면, 어떤 싸움도 견딜 수 있다.

> 지금 내 영혼은 하늘의 목표에 반드시 이르게 되리라는 확신 속에 있으며, 이미 그것을 차지한 것만 같다.

『완덕의 길』은 수도 공동체를 위해 쓴 책으로, 공동체에서 친교를 나누고 그리스도를 겸손히 따르는 삶에 더 집중한 책입니다. 이 책에서 테레사는 기도에 관해 많은 가르침을 전하지만 기도 자체를 길게 설명하지는 않습니다. 그녀에게 기도와 삶은 하느님과의 관계 안에서 분리될 수 없는 하나이기 때문이지요. 관상이 신앙 여정의 목표라 하더라도 모든 이가 당장 관상 수도자로 부름을 받는 것은 아닙니다. 공동체 안에는 다양한 소명이 있습니다.

> 누군가는 식사를 준비해야 한다는 것을 기억하십시오. 마르타처럼 섬길 수 있음을 행복하게 여기십시오. (17장)

테레사가 보기에 입으로 소리 내어 드리는 기도와 마음으로 드리는 기도 사이에는 명확한 경계가 그어져 있지 않습니다. 소리 내어 드리는 기도는 하느님께 세심한 주의를 기울이는 가운데 묵상하는 기도가 되며, 때로는 고요한 기도에 가까워지기도 합니다. 이와 관련해 테레사는 부드럽지만, 결코 물러지는 법이 없는 조언을 건넵니다.

> 나의 딸들이여, 저는 당신들이 강한 사람이 되기를 바랍니다. 당신들이 할 수 있는 모든 일을 행한다면 주님께서 여러분을 놀라울 정도로 강하게 만들어 주실 것입니다. 남자들조차 놀라워할 정도로 말이지요.

『영혼의 성』은 이전 책들보다 문체가 훨씬 더 길고 느슨하며, 때로는 장황하게 흘러갑니다. 이는 테레사가 끊임없이 논쟁에 휩쓸렸고, 그러한 가운데서도 가르멜 수도원들을 방문하고 공동체를 세워야 했던 고단한 삶이 반영되었기 때문일 것입니다. 이 책에서 그녀는 영혼이 관상으로 나아가는 과정을 성의 바깥뜰에서 가장 안쪽에 있는 방으로 들어가는 여정으로 그립니다. 이는 하느님의 생명으로 들어가는 길이자, 자신의 영혼 가장 깊은 곳으로 들어가는 길이기도 하지요. 결코 쉽지 않은 여정입니다. 첫 번째 문을 열고 방으로 들어가면 뜰에 있던 흉측한 뱀과 파충류가 따라 들어오려 하며 우리를 계속 괴롭힙니다. 이런 식으로 테레사는 여러 방을 계속 묘사합니다. 첫 번째 방은 '겸손'입니다. 두 번째는 '기도'입니다. 세 번째는 '묵상과 모범적인 삶'입니다. 네 번째는 '고요한 기도'입니다. 다섯 번째는 '영적 약혼'입니다. 여섯 번째는 '영의 밤'the Night of the Spirit입니다. 일곱 번째는 '영적 혼인'입니다.

처음 네 방은 (그녀가 초기 저술에서 가르쳤던) 일상적인 그리스도인의 삶에 해당합니다. 마지막 세 방에 이르러서야 비로소 관상의 소명이 드러나지요. '영적 약혼'은 기쁘고도 깊게 하느님과의 일치를 경험하는 순간이지만 그리 오래 이어지지는 않습니다. 어떤 때는 반 시간 정도 만에 끝나 버리기도 하지요. 그 순간이 이후 오게 될 커다란 일치의 예고편임은 분명합니다. 이 단계에서 영혼은 "자신이 하느님 안에 있었고 하느님이 자신 안에 계셨음을 도저히 의심할 수 없"습니다. 하지만 곧이어 밤이 찾아옵니다. 밤은 다른 관상 수도자들이 묘사하는 바와 크게 다르지 않습니다. 밤이 주는 고통은 "사랑의 상처"입니다.

테레사는 성을 통과해 나가는 여정만으로는 밤과 영적 혼인이라는 단계들을 충분히 설명할 수 없다고 보았습니다. 그래서 다른 심상들을 덧붙입니다. 하나는 누에의 심상입니다. 누에는 고치 속에 자신을 묻어 죽고, 사랑스러운 나비가 되어 살아 나옵니다. 그다음 테레사가 쓰는 심상은 물입니다. 먼저, 파도 위에서 심하게 흔들리는 배가 있습니다. 이어, 바다로 흘러들어 자신을 대양과 완전히 합치는 강이 묘사됩니다. 이 심상만 보면 영혼의 자기 정체성이 하느님 안에서 실제로 사라져 버린다는 인상을 받을 수 있습니다. 그러나 다른 심상들과 가르침들을 함께 놓고 보면 오히려 영혼이 하느님 안에서 참된 자신을 찾고 자기다워진다는 사실을 알 수 있습니다.

테레사는 1582년 성 프란치스코 축일에 세상을 떠났습니다. 관상기도와 치열하게 활동하는 (그렇기에 힘겹고 고통스러운) 삶이 하나로 어우러질 수 있다는 사실을 어떤 그리스도인도 그녀만큼 강력하게 증언하지 못했습니다. 죽음을 맞이하기 십여 년 전 그녀는 영적 혼인으로 묘사된 하느님과의 합일을 체험했습니다. 이 목표를 가졌기 때문에, 그리고 이 목표를 끊임없이 추구했기 때문에 그녀는 기도, 겸손, 자비로 가득한 삶을 살 수 있었고 그와 관련해 많은 사람에게 영향을 미칠 수 있었습니다.

십자가의 성 요한(1542~1591)은 테레사를 도와 개혁 가르멜회Reformed Carmelites를 돌보고 옹호했습니다. 그러나 훈련과 체험, 그리고 가르침의 강조점에서는 그녀와 달랐습니다. 그는 살라망카 대학교에서 신비주의 전통을 깊이 공부했으며, 더욱 명료하고 응집된 사고방식을 가지고 있었습니다. 요한은 혹독한 고난을 겪었고, 그의 삶은 말 그대로 십자가라는 이름과 떼어 놓을 수 없을 만큼 고통으로 가득했습니다.

그는 가르멜회에서 여러 직무를 맡고 수도회 개혁에 헌신하던 중, 개혁에 반대하는 수도회 세력에게 납치되어 톨레도에 있는 한 수도원의 감방에 갇혔습니다. 한 평이 채 되지 않는 감방에서 요한은 아홉 달을 지냈습니다. 밖으로 난 창문도 없어서 성무일도서를 읽으려면 의자 위에 올라선 채로 벽에 난 구멍을 통해 새어 들어오는 빛에 의지해야 했습니다. 식사는 바닥에서 이루어졌고, 식사 후에는 어깨에 채찍질을 당했습니다. 극심한 고통의 나날은 투옥으로부터 아홉 달 뒤인 1578년 8월 16일, 그가 목숨을 건 탈출을 감행하고 나서야 끝났습니다. 그리고 탈출하기 전, 감방에서 간신히 구한 약간의 종이와 잉크로 아름다운 시 『영가』The Spiritual Canticle*의 상당 부분을 썼지요.

스페인어를 읽지 못하는 우리는 이 작품의 아름다움을 번역본을 통해 흐릿하게만 엿볼 수 있을 뿐입니다. 이 시는 아가Song of Solomon를 떠올리게 하는 양식으로 쓰였습니다. 즉, 신랑과 신부 사이의 대화로 하늘, 하느님의 아름다우심, 그리고 그분께서 주시는 평화에 대한 갈망을 표현하고 있지요. 이어서 요한은 『가르멜의 산길』The Ascent of Mount Carmel**을 펴냈는데, 이 책 역시 일부는 시로, 나머지는 그 시 구절에 대한 해설로 이루어져 있습니다. 그다음 요한이 펴낸 책은 『영혼의 어두운 밤』The Dark Night of the Soul***입니다. 잉글랜드의 『무지의 구름』이 두 세기 앞서 보여 준 사유의 흔적이 보이며, 신비주의의 오랜 가르침을 풀어 설명하고 있습니다.

아빌라의 테레사와 비교해 보면 십자가의 요한이 지닌 독

---

* 다음 책으로 번역이 되어 있다. 『영가』(기쁜소식).
** 다음 책으로 번역이 되어 있다. 『가르멜의 산길』(기쁜소식).
*** 다음 책으로 번역이 되어 있다. 『어둔밤』(기쁜소식).

특함이 보입니다. 그녀와 다르게 그는 영적 권위를 뒷받침할 근거로 환시와 황홀경을 내세우지 않았습니다. 오히려 환시처럼 특이한 체험을 강조하는 경향을 강하게 비판했지요. 또한 테레사와 달리 그는 다양한 단계에 속한, 다양한 국면에 있는 그리스도교 공동체를 위해 글을 쓰지 않았습니다. 대신 요한은 분명하게 관상의 소명을 지닌 이들을 위한 글, 그들이 걸어갈 길을 안내하는 글을 썼습니다. 요한의 가르침에는 자신이 살면서 겪은 일들이 거의 언급되지 않습니다. 고난은 그가 십자가의 길과 영혼의 밤을 더 깊이 이해하도록 해주었지만, 꼭 고난을 받지 않더라도 하느님을 관상하기 위해 드리는 기도는 결국 영혼의 밤에 도달하기 마련이라고 그는 이야기했습니다. 이러한 맥락에서 밤은 그의 가르침 가운데 매우 중요한 위치를 차지합니다. 테레사는 고요한 기도라는 관상의 단계가 영혼의 밤 이전에도 가능하다고 보았지만, 요한은 감각의 밤을 지나지 않고서는 어떤 관상도, 참된 고요도 있을 수 없다고 단언했습니다. 때로 그의 가르침은 다소 두렵게 다가오기도 합니다. 『가르멜의 산길』의 서두에서 그는 말합니다.


영혼이 하느님과의 일치로 나아가는 여정을 밤이라고 부르는 데는 세 가지 이유가 있다. 첫째, 그 여정의 출발점에서 영혼은 모든 욕망을 박탈당하며 세상으로부터 완전히 떨어져 나오기 때문이다. 둘째, 지성을 지닌 이에게 그 길은 어두운 밤과 같은 신앙의 길이기 때문이다. 셋째, 이 세상을 살아가는 동안에는 하느님이라는 목표를 온전히 이해할 수 없기 때문이다. ... 모든 피조물에 대한 집착에서 네 영혼을 떼어 내라. 그러면 하느님만이 채우시는 빛 속에서 걷게 될 것이다. 그분은 그 어떤 피조물과도 같지 않은 분이시기 때문이다.

하느님께서는 바로 그 밤 너머에 계십니다.

하느님의 가장 감미로운 사랑은 이 땅에서는 거의 알 수 없는 신비다. 그러나 그 사랑을 발견한 사람은 참된 안식을 누린다. 오 하느님, 모든 것이 변화되어 우리가 당신 안에서 쉬게 하소서. 오 하느님, 모든 것이 당신과 함께 있으며 모든 방식으로 모든 것이 당신과 함께 있게 하소서. 오 나의 사랑, 모든 것은 당신을 위한 것이며 저를 위한 것은 아무것도 없습니다. 저의 소유는 아무것도 없으며 모든 것이 당신의 소유입니다. 저는 침묵 가운데 당신 곁으로 나아가 당신의 발치 앞에 엎드리겠습니다. 제 영혼을 당신의 신부 삼아 당신과 하나 되게 하소서. 당신의 품에 있기까지 아무것도 기뻐하지 않겠습니다. 오 주님, 간절히 구합니다. 단 한 순간도 저를 떠나지 마소서. 저는 제 영혼의 참된 가치를 알지 못합니다.

아빌라의 테레사와 십자가의 요한을 읽을 때는 그들이 누구에게 글을 쓰고 있으며, 무엇을 말하고 있는지 유념하는 것이 매우 중요합니다. 테레사는 보통 자신이 속한 공동체 안에서 다양한 소명으로 살아가는 그리스도인이 체험하는 많은 단계에 관해 썼습니다. 그래도 목표는 언제나 관상이었지요. 반면 요한은 '영혼의 밤'을 통과하는 이들, 관상을 소명으로 받은 이들을 염두에 두고 글을 썼습니다. 그가 말하는 (때로는 '자기 파괴'처럼 보이기도 하는) '자기 부정'은 읽는 이에게 섬뜩함과 두려움을 자아냅니다. 그러나 밤은 내가 만든 것이 아니라 하느님께서 주시는 선물의 첫머리이며, '나'를 빛과 영광으로 이끌어 갑니다. 그리고 이는 결국 이웃을 향한 섬김으로 드러납니다. 내가 아무 태도도 취하지 않아도 된다는 뜻이 아닙니다. 요한은 하느님께 자신을 온전히 맡기는 '자기 포기'를 독자에게 요구합니다. 이 점에서 요한이 말하는

'자기 비움'은, 당신 때문에 자기 목숨을 잃는 사람은 오히려 생명을 찾을 것이라는 예수의 말씀과 깊이 연결됩니다. 또한 바울이 십자가의 그리스도를 따르는 일에 비하면 자신의 모든 자랑거리와 선한 업적조차 아무런 가치가 없는 것(배설물)이라고 고백한 것과도 같은 맥락에 있습니다.

## 멈추십시오. 그리고 아십시오.

지금까지 살핀 잉글랜드와 스페인의 신비주의자들은 관상을 소명으로 받은 이들이 오랜 세월 끊임없이 있었으며, 오늘날 우리에게도 강력한 말을 건넨다는 사실을 보여 줍니다. 토머스 머튼처럼 우리 시대에 속한 인물이 신비주의 역사에서 어떤 자리를 차지하는지 평가하기에는 아직 일러 보입니다. 하지만 그가 관상이라는 소명을 따라 철저하게 세상을 버리고 떠남으로써 오히려 세상의 심장부에 더 가까이 있게 되었다는 것만큼은 분명합니다.

> 수도자는 자신의 마음만 살피는 이가 아니다. 세상을 떠난 듯 보일지라도 그는 세상을 이루는 데 참여하며 그곳의 심장부까지 파고든다. 그가 세상을 버리는 이유는, 실제로 세상을 버리기 위해서가 아니라 세상 가장 깊은 곳에서 울려

나오는 소리에 귀를 기울이기 위해서다.[1]

이런 면에서 관상과 관련된 소명이 많은 사람에게 알려지고, 교회에서 회복되고 있는 현상은 교회가 다시 새로워지는 데 매우 중요합니다. 나아가 우리 모두에게 중요한 일입니다. 하느님을 예배하는 형식과 이웃을 섬기는 방식이 어떠하든, 우리는 모두 한 가족이기 때문입니다. 그리스도를 위하여 자기 생명을 바친 순교사들이 있다는 사실이 우리가 힘겨운 일상을 살아가는 데 힘이 되듯, 영혼의 밤을 지나며 하느님을 깊이 경험한 이들은 연약하고 흔들리는 우리의 기도에 큰 힘이 됩니다. 우리는 모두 한 가족이며 그리스도 안에서 한 생명을 나눕니다.

---

1 Thomas Merton, *The Climate of Monastic Prayer* (Kalamazoo, Mich. : Cistercian Publications, 1981), 35. 『마음의 기도』(성바오로출판사).

# 우리의 죄를 고백하는 일

성찬은 주님의 죽음을 드러내는 순간, 십자가에 달리시고 부활하신 예수를 우리의 양식으로 받아 모시는 순간 절정에 이릅니다. 이 절정의 순간에는 경외심과 친밀함이 뒤섞여 있습니다. 그 전에, 예배 초반에는 매우 중요한 절차가 있습니다(우리는 그 중요성을 제대로 느끼지 못할 때가 많지만 말이지요). 바로 우리가 죄인이었음을 고백하고, 집전자가 선언하는 하느님의 용서에 대한 말씀을 듣는 순간입니다. 예배에 너무 익숙해지면 죄의 용서absolution에 얼마나 심대한 의미가 담겨 있는지를 새기지 못할 수 있습니다. 우리의 죄는 예수의 십자가와 깊이 연결되어 있고, 하느님의 용서 또한 그 십자가와 연결되어 있습니다.

옛 성공회 예식은 죄의 고백confession과 용서의 선언을 예배 중간쯤에, 교회와 세상을 위한 기도Prayer of Intercession 다음에 오도록 했습니다. 새 성공회 예식에서는 예배를 시작하며 죄의 고백과 용서의 선언을 하지요. 이는 죄의 고백을 예배의 모든 순서에 대한 준비이자 주의를 기울여야 마땅할 순간으로서 도드라지게 합니다. 하지만 어떤 예배에서든, 회중이 실제로 자신이 무슨 죄를 지었는지 기억하면서 고백할 자세를 갖추고 죄의 고백 예식문을 읽는 경우가 얼마나 될까요? 집전자가 선언하는 죄의 용서가 하느님께서 친히 용서를 베푸시는 중대한 활동임을 의식하는 경우는 얼마나 있을까요?

하느님의 용서에는 커다란 대가가 따릅니다. 죄의 용서는 죄가 별것 아니며 그다지 중요한 문제가 아니라고 선언하는 것이 아닙니다. 오히려 하느님께서 죄를 미워하신다고 단언하는 동시에, 우리 역시 그분을 따라 죄를 미워하겠다고 다짐하는 행동입니다. 이 행동에 동참할 때 하느님의 긍휼이 우리에게 흘러내립니다. 골고다는 하느님의 용서가 얼마나 커다란 대가를 치렀는지 보여 줄 뿐 아니라, 우리 죄의 핵심에 하느님과 우리의 관계에 상처를 입히는 이기심과 교만이 있다는 사실을 분명히 알려 줍니다. 그리스도인들이 이런 참회와 용서의 의미를 깊이 깨달을수록 교회 공동체에서는 더 깊은 거룩함이 자라날 수 있습니다.

그러므로 예배에 참여하기 전에 우리는 우리의 죄가 하느님의 용서와 어떻게 연결되는지 마음 깊이 새겨둘 필요가 있습니다. 크랜머는 기도서에서 예배에 나오기 전, 그리고 예배 중 죄의 고백 및 죄의 용서가 이루어지기 전부터 이 문제를 마주해야 한다고 권면합니다.

죄의 고백과 관련해 성공회는 지혜롭게 자유를 허용하는 편입니다. 하느님께 기도하는 가운데 스스로 죄를 고백할 수 있고, 그 고백이 진지하고 온전하다면 하느님께서 이를 용서하셨음을 확신해도 됩니다. 이는 의심할 필요가 없습니다. 또 원한다면 사제 앞에서 죄를 고백하고 예수 그리스도의 이름과 권위로 성사로서의 용서를 받을 수도 있습니다. 후자의 방식은 철저하고 때로는 마음이 아플 만큼 정직함을 요구하지만, 바로 그 철저함과 아픔이 참회에 필요하다고 느끼기에 어떤 이들은 후자를 택합니다. 무엇보다도 성사로서의 사죄 선언은 하느님께서 우리를 용서하셨다는 사실을 기쁨과 확신 가운데 분명하게 들려주지요. 이는 사제가 하느님과 우리 사이에 끼어드는 것이 아닙니다. 하느님의 용서가 말과 행동으로 얼마나 확실하게 이루어지는지를 사죄받는 이의 눈앞에 보여 주는 것입니다.

회개, 곧 메타노이아metanoia는 마음뿐 아니라 상상, 감정, 의지 전체를 돌이키는 일입니다. 그렇게 함으로써 자기와 죄를 벗어나 하느님을 향하는 것입니다. 우리 자신을 돌아보는 일도 바로 이렇게 하느님을 향해 돌이키는 행동 가운데 이루어집니다. 우리는 하느님의 자애로우심에 감사하며 그분을 바라봅니다. 우리의 죄를 위하여 죽으신 예수를 바라보며 우리가 되어야 할 우리의 참된 모습을 바라봅니다. 양심을 살피는 일은 철저하게 이루어져야 하지만, 그 일이 자기 안으로만 파고드는 자기 검열이 되어서는 안 됩니다. 우리의 시선은 하느님을 향해야 합니다. 그리고 우리의 참모습은 이미 하느님께 드러나 있습니다.

그러나 죄를 고백하기 위해 자신을 살피는 준비 과정은 철저해야 합니다. 눈에 띄게 큰 죄나 마음을 불편하게 했던 죄를 빠짐없이 말하면 된다는 이야기가 아닙니다. 태도와 행동에 있어 그리스도인의 길에 어긋났던 모든 모습을 고백할 수 있어야 합니다. 이 점은 매우 중요합니다. 회개란 자기의 전 존재에 대한 고백이기 때문이지요. 그리고 우리 눈에 사소해 보이는 태도와 행동이 실제로는 우리 존재의 방향을 결정짓는 중요한 요소가 될 수도 있음을 명심해야 합니다.

죄의 목록을 마련하는 것만으로는 성사를 온전히 준비한다고 볼 수 없습니다. 성사를 준비한다는 것은 다른 무엇보다도, 우리를 용서하시고 죄에서 완전히 해방하시는 분인 예수를 만나고 그분께 사죄의 은총을 받아들일 준비를 하는 것입니다. 사죄 선언이 울려 퍼질 때 우리는 우리를 위해 죽으셨고, 지금도 살아 계신 주 예수를 마주합니다. 거룩함과 자비로 우리를 맞이하시는 예수를 만나기 위해 죄의 고백을 준비하는 것이지요. 준비 과정에서 이 부분에 중심을 둔다면 큰 변화가 일어날 것입니다. 고해나 예배에서 드리는 죄의 고백은 성찬에 참여할 때처럼 예수를 만나는 아름답고도 결정적인 순간이 될 수 있습니다.

그러한 면에서 고해가 점차 줄어들고 있는 것은 안타까운 일입니다. 불과 한 세기 전만 해도 성공회에서는 신자들의 신앙 성향과 상관없이 고해성사가 널리 이루어지고 있었습니다. 하지만 지난 20년 동안 그 흐름은 확실히 쇠퇴했지요. 여기에는 여러 원인이 작용했습니다. 무엇이 옳고 그른지, 권위란 무엇인지에 대한 혼란이 커진 것이 한 원인입니다. 심리 상담을 비롯한 다양한 형태의 상담이 등장하면서 사람들이 다른 방식으로 도움을 받게 된 것도 한 이유가 될 수 있겠지요. 그러나 의심할 바 없이 가장 큰 이유는 죄에 대한 감각이 무뎌지고 하느님, 죄, 거룩함이라는 가장 중요한 문제에 대한 우리의 인식이 약해진 데 있습니다. 본인의 인간다움을 인정하고 받아들이는 일은 중요합니다. 하지만 그 인간다움을 제대로 펼치지 못했음을 하느님 앞에서 회개하는 일은 전혀 다른 차원의 문제입니다. 마찬가지로, 무의식 속 강박에서 벗어나는 일은 큰 해방임이 분명합니다. 하지만 그 자유를 하느님의 뜻과 영광을 위해 쓰는 일은 또 다른 과제입니다.

교회에서 다시 새롭게 참회하는 일은 과거에 검증된 의례, 전통에 충실한 의례를 되살리는 것만을 의미하지 않습니다. 그 의례에 담긴 내용을 새롭게 표현할 방법을 찾고, 화해라는 핵심 주제의 중요성을 사람들이 새롭게 발견할 수 있게 해 주어야 합니다.

최근 로마 가톨릭 교회와 세계 성공회 공동체 모두에서 죄의 고백과 사죄 선언 형식이 새롭게 발전하고 있습니다. 로마 가톨릭 교회는 형식이나 개인만을 과도하게 중시하지 않으면서도 성사의 깊이를 유지하는 의례를 원했고, 그 결과 1973년 12월 새로운 고해성사 예식서Ordo Poenitentiae를 발표했습니다. 이 예식서는 개인의 고해와 새로운 사죄 선언 형식을 제공했고, 공동체가 함께 드리는 공동참회 예식도 다루었지요. 개인 고해에는 단순히 신자가 자신의 죄를 말하는 데서 그치지 않고 더 넓은 삶의 문제들까지 포함해 사제와 함께 기도하며 대화를 나누는 과정이 들어 있습니다. 물론 이 모든 과정의 절정은 여전히 사제가 선포하는 사죄지만 말이지요. 공동체의 회개 예식에서는 먼저 말씀 봉독과 설교를 통해 회중 전체가 함께 회개의 자리에 들어갑니다. 그 후 각자가 사제에게 개인적으로 죄를 고백하는 순서가 있습니다. 그리고 마지막으로 사제와 회중 모두가 공동체로서 함께 감사의 기도를 드리며 예식이 마무리된다고 이야기하고 있지요.

이 새로운 예식들은 아직 실험 단계에 있어서, 실제로 사용해 보면 다소 번잡하거나 지나치게 형식에 매여 있는 듯한 느낌을 줄 때도 있습니다. 그러므로 과거에 큰 힘을 주었던 성사의 단순성을 잃지 않는 것이 중요합니다.

그렇지만 화해의 활동을 다시 새롭게 하기 위해서는 예식의 형식을 조금 바꾸는 일보다 훨씬 더 깊고 넓은 변화가 필요합니다. 화해의 활동은 하느님과 이미 화해했으며 또 세상과 화해하도록 부르심을 받은 교회가 살아가는 방식의 일부입니다. 즉, 교회는 자신의 존재가 십자가에서 이루어진 화해에 뿌리내리고 있다는 사실을 깨닫고, 그 깨달음으로 깊이 예배드리는 공동체가 되어야 합니다. 그리고 내면의 마음과 정신으로, 또한 나가서 행동함으로써 "누가 내 이웃인가?"라는 질문을 품으며 세상을 위해 기도해야 합니다.

화해를 위한 기도와 행동은 인종이 다른 사람들에 대한 관심, 세상에 존재하는 가난과 굶주림에 대한 관심, 잔혹함과 불의, 파멸을 몰고 올 무기에 대한 문제의식까지 포함합니다. 우리가 고백하는 죄 중에는 잘못된 태도나 자기만족, 깊이 고민하지 않으려는 자세와 같은 죄들도 들어있기 마련입니다. 어려운 사안들에 어떻게 답하고 행동해야 할지 모르는 것이 죄는 아닙니다. 하지만 그렇다고 해서 생각을 그치고, 관심을 멈춘다면 그것은 분명한 죄입니다. 다시 새로워진 화해의 활동은 이 모든 부분을 포함해야 합니다.

영적 지도는 사죄 선언과 뚜렷이 구별되지만, 동시에 연결되어 있습니다. 죄를 고백할 때, 고백하는 이는 "보속penance, 조언, 죄의 용서"를 구합니다. 그 과정에서 성직자는 지혜와 격려가 담긴 조언을 해 줄 수 있지요. 그리고 실제로 많은 사람이 커다란 도움을 받았습니다. 다만 영적 지도는 고해나 죄의 고백과는 완전히 다른 상황에서도 이루어질 수 있습니다. '지도'direction라는 말은 당연하게도 명령을 내린다는 뜻이 아닙니다. 조금 더 먼저 기도하는 삶의 길을 걸어 본 사람이 자신의 여정에서 만난 함정과 안개, 늪지와 아름다운 풍경을 기억하고 이를 바탕으로 그 길을 걷는 또 다른 사람에게 조언을 해 주는 것입니다. 오늘날 조언 혹은 상담은 마음의 건강을 위해 정신과 의사, 혹은 상담사가 해 주는 심리학적 권고를 뜻하게 되었습니다. 하지만 안타깝게도 이러한 '상담'은 사람들이 기도의 삶을 살아가도록 돕는 기술을 충분히 알려 주지 못하고, 오랜 그리스도교 전통에 담긴 영적 보물들을 무시하고 있습니다.

# 성도의 상통

그리스도인의 기도는 언제나 모든 성도와 함께 드리는 기도입니다. '성도의 상통'(성도의 교제)이라는 표현은 바로 이를 가리키고 있지요. 이 표현은 단순하지만, 매우 풍요로운 뜻을 지니고 있습니다. 라틴어 '콤무니오 상토룸'communio sanctorum은 거룩한 사람들의 교제를 뜻할 수도 있고 성찬에서 빵과 포도주를 나누는 일, 즉 그리스도의 몸과 피에 함께 참여한다는 것을 뜻할 수도 있습니다. 세례를 위한 서방 교회의 신경들에서 이 표현이 등장한 시기는 5세기부터이며, "거룩한 공교회"와 "죄의 용서" 사이에 자리 잡았습니다.

거룩한 공교회와,

모든 성도의 상통을 믿으며,

죄의 용서와 ...

본래 이 표현이 성사를 가리키는지, 성도의 교제를 가리키는지는 오랜 논쟁이 있었지만 최근에는 후자로 보는 해석이 우세합니다. 하지만 두 의미는 서로 연결되어 있습니다. 그리스도인들은 한 몸을 이루는 지체로서 그리스도의 몸과 피를 나누기 때문입니다.

하기오스hagios, 상투스sanctus, 거룩한holy 분은 오직 하느님 뿐입니다. 그분은 피조물, 유한자, 덧없는 것, 더럽거나 흠 있는 모든 것을 넘어서는 초월자이십니다. 거룩하신 하느님께서 어떤 장소나 순간, 건물이나 인물에 엄습하시면 사람들은 압도당하고 두려움과 경외를 동시에 느낍니다.

그러나 하느님께서는 성찬의 빵과 포도주와 같은 일상의 사물을 통해 당신을 드러내실 수 있으며, 마찬가지로 그리스도와 연합하여 성령으로 거룩하게 된 이들에게 임하실 수 있습니다. 신약성서의 저자들은 바로 이런 이유로 모든 그리스도인을 '성도', 거룩한 이들이라고 부릅니다. 구약에서는 하느님을 예배하고 그분의 의를 익히도록 세상과 구별된 백성

이스라엘을 가리킬 때 거룩함을 사용했습니다. 그러나 신약에서는 거룩함을 하느님의 백성뿐만 아니라 삶에서 한 사람의 그리스도인이 하느님과 맺는, 더 깊고 친밀한 관계를 가리킬 때 씁니다. 모든 그리스도인은 거룩한 사람들, 즉 성도로 부르심을 받았고 실제로 성도라 불립니다. 성령께서 부활한 예수의 생명에 연합한 이들을 거룩하게 하십니다. 그리스도인들 자체가 하느님께서 임하시는 성전입니다.

'성도의 상통'에서 상통, 코이노니아koinonia, 콤무니오communio는 참여를 뜻합니다. 신약 저자들에 따르면 신자들은 아버지와 아들에 참여하고, 성령에 참여합니다. 그리스도의 몸과 피에 참여하고, 그리스도의 고난에 참여하고, 서로의 삶에 참여합니다. 그러므로 거룩함과 참여는 서로 얽혀 있습니다 성령께서는 신자들을 고립된 상태로 두지 않으시고 서로를 향해 거룩하게 하시기 때문입니다. 그러한 맥락에서 성령에 참여한다는 것은 곧 서로의 삶에 참여한다는 뜻입니다. "성령께서 이루어 주시는 친교"라는 표현은 바로 이러한 이중의 참여를 가리킵니다.

그렇다면 그리스도와 서로에게 참여하는 이 관계는 죽으면 끝나는 것일까요? 그리스도교가 유대교의 오랜 믿음을 그대로 이어받는 데 그쳤다면 그렇게 생각할 수도 있을 것입니다. 그러나 그 믿음에 그리스도와 함께, 그리스도 안에서 사는 삶이라는 새로운 변화의 요소가 들어오면서 이야기는 달라졌습니다. 죽음은 이 생명을 무너뜨리지 못합니다. 바울은 마지막 때 일어날 일들을 가르치며 죽은 이들을 "그리스도 안에서 죽은 사람들"(1데살 4:16), 혹은 "그리스도께 속한 사람들"(1고린 15:23)이라고 불렀습니다. 또한, 이미 그리스도와 함께하는 생명을 지니고 있었기 때문에 "그리스도와 함께 있는 것이 훨씬 더 좋은 일"(필립 1:23)이라며 죽음을 긍정하기도 했지요. 루가에 따르면 예수께서는 십자가에 달려 죽어가던 강도에게 바로 그날 당신과 함께 낙원에 있을 것이라고 말씀하기도 하셨습니다. 이렇게 그리스도와 함께하는 생명이 죽음 이후에도 계속된다는 약속은 신앙에 대한 기존의 이해를 완전히 새롭게 바꾸었습니다.

앞서 살펴보았듯 히브리인들에게 보낸 편지는 그리스도인이 이미 하늘의 예루살렘에 와 있으며, 수많은 천사 및 완전에 이른 올바른 사람들의 영혼과 함께한다고 이야기합니다(히브 12:22~23).

죽은 이들이 그리스도와 함께하는 삶으로 들어간다고 해서 곧바로 완전한 상태에 이르거나 하느님을 직접 뵙는 지복직관beatific vision을 누린다고 생각해서는 안 됩니다. 동방과 서방 그리스도교 전통은 모두 믿음 안에서 죽음을 맞이한 이들일지라도 하느님과 완전히 합일하여 그분을 직접 보는 자리에 나아가기까지는 정화와 성화의 과정이 필요하다고 이야기했습니다. 이 기다림과 정화의 상태를 어떤 전통에서는 연옥이라고 불렀고, 어떤 전통에서는 중간 상태intermediate state라고 불렀으며, 어떤 전통에서는 위로와 희망을 담은 용어인 '낙원'paradise이라고 부르기도 했습니다. 세월이 흐르면서 '성도의 상통'이 지닌 본래의 의미는 여러 추측과 미신으로 인해 흐려지기도 했습니다. 특히 중세 서방 교회에서는 연옥 사상이 상업과 법에 근거한 발상과 뒤섞여 왜곡되었고, 성인 공경이 지나쳐 성인을 거의 중보자처럼 대우하는 일까지 일어났습니다(여기서 그 복잡한 역사 과정을 일일이 되짚지는 않겠습니다). 종교개혁 시기에는 이에 대한 반발이 강하게 일어났고, 그 여파로 종교개혁에 공감한 교회들은 별세자들을 위한 기도나 (어떠한 형태로든) 성인에 대한 공경을 피하게 되었지요. 하지만 성공회를 포함해 몇몇 교파에서는 초기 교회의 본래 이해를 회복하려는 노력을 꾸준히 이어갔습니다. 그러한 가운데 별세자를 위한 기도와 성인을 기념하는 일이 다시 교회의 예배에서 제 자리를 찾게 되었지요. 하지만 성도의 상통이 예전처럼 그 의미와 힘을 온전히 회복하려면 더 깊은 차원에서 교회가 새로워져야 합니다.

여기에는 동방 정교회가 많은 도움을 줍니다. 동방 정교회는 지상의 교회와 낙원 및 하늘의 교회가 깊이 연결되어 있다고 보고 있으며 그와 더불어 '거룩함'과 '참여'라는 기본 개념과 관련된 전통을 지켜오고 있기 때문이지요. 서방 그리스도교인이 동방 정교회에서 예배를 드리면 하늘과 땅의 연합이 얼마나 강렬한지 체감하곤 합니다. 정교회 전례에서는 부활하신 예수의 현존을 통해 이 지상의 교회가 성인, 천사가 드리는 하늘의 예배에 참여합니다. 성 요한 크리소스토무스St. John Chrysostom는 말했습니다.

> 그대는 희생되시고 봉헌물로 놓여 계신 주님을 보면서, 그 곁에 서서 기도하고 있는 사제를 보면서, 그대가 여전히 사람들 가운데 있다고, 여전히 지상에 서 있다고 생각하는가? 아니다. 그대는 이미, 모든 육의 생각을 떨쳐내고 막힘없는 영혼과 정결한 마음으로 하늘의 일들을 바라볼 수 있도록 하늘로 옮겨져 있다. (『사제직에 관하여』On the Priesthood, 3권 4장)

전례를 거행하는 가운데 성도는 서로를 위해 기도하고 서로 기도를 청합니다. 성도는 그리스도의 영광을 비추는 이들

뿐 아니라 완전과는 거리가 먼 이들까지 포함합니다. 죽음을 거친 이들과 지상에서 고군분투하고 있는 죄인들을 포함합니다. 모두가 모두를 위해 기도하는 것이지요.

한 빵을 먹고 한 잔을 마시는 우리가 모두 한 분 성령과의 교제 안에서 서로 하나 되게 하시고, 우리 모두 중 누구도 그 거룩한 몸과 피를 심판과 정죄를 받게 될 방식으로 먹고 마시지 않게 하시어, 다만 당신께서 받아들여 주신 모든 시대의 모든 성도와 함께 자비와 은총을 누리게 하소서. 오 하느님, 당신 종들의 안식과 죄 사함을 위하여, 슬픔과 탄식이 사라진 곳에서 그들에게 안식을 주소서. 오 하느님, 당신의 빛나는 얼굴을 뵐 곳에서 그들에게 안식을 주소서. 특별히 우리의 지극히 거룩하고 흠 없으며 가장 복되고 영광스러운 여인, 즉 하느님을 낳은 이이며 영원한 동정인 마리아, 그리고 예언자요 선구자이며 세례자인 요한, 거룩하고 영광스러운 사도들, 오늘 우리가 기억하고 기념하는 성인, 그리고 모든 성인이 드리는 기도를 통하여 우리를 찾아와 주소서. 영원한 생명을 바라는 부활의 소망 속에서 우리에 앞서 잠든 이 모두를 생각해 주소서. 당신의 빛나는 얼굴을 뵐 곳에서 그들에게 안식을 주소서.

이 전례 기도에는 몇 가지 깊은 확신이 담겨 있습니다.

1. 하느님께서 거룩하시므로 인간도 거룩하게 살아야 한다고 분명하게 요구합니다. 그러면서도 영광에 이른 성도, 낙원에서 정화되고 있는 성도, 이 땅에서 자신의 죄와 씨름하고 있는 성도 사이에 엄격한 경계를 설정하지는 않습니다. 별세자를 위한 기도와 성인에게 드리는 기도를 어느 정도 분리하는 서방 교회의 관점에서 이런 동방 교회의 표현은 신선하고 놀랍게 다가옵니다. 예수의 가족으로서 우리는 모두가 서로를 위해 기도하고 서로에게 기도를 청합니다. 그리고 이모든 기도는 예수의 유일한 영광 가운데서 이루어집니다.

2. 이 전통은 하느님의 거룩함을 인간뿐만 아니라 사물과도 연결합니다. 물질과 인간 모두 하느님의 거룩함을 은총 어린 방식으로, 경외를 자아내는 방식으로 비출 수 있다고 정교회는 믿습니다. 성화를 공경하는 전통은 바로 여기서 나왔습니다. 성화는 성화에서 묘사하는 성인을 가리키는 상징임과 동시에 하느님께서 성사로서의 세계 안에 계심을 보여 주는 상징입니다.

3. 마리아의 역할이 분명하게 있습니다. 성도의 상통이 성립하는 데 마리아는 중요한 역할을 했습니다. 성육신은 하느님의 은총과 인간의 응답, 하느님의 명령과 인간의 순종이 만나는 자리에서 일어났고 이 자리에서 성육신이, 하느님의 새로운 창조가 시작되었기 때문입니다. 하느님을 품으신 분으로서 마리아는 성도의 상통이 시작되는 데 중요한 위치를 차지합니다. 물론 동시에 마리아는 우리와 같은 피조물로서 자신의 창조주이자 우리의 창조주, 자신의 구원자이자 우리의 구원자에게 영광을 드립니다. 거룩들cherubim보다 영광스럽고 스랍들seraphim보다 높은 그녀는 우리의 찬미를 하느님께로 이끕니다.

이처럼 동방 교회의 신앙과 예배는 성도의 상통이 무엇인지 깨닫는 데 도움을 줍니다. 성도의 상통과 관련해 성공회 전통에서 중요한 인물은 체스터 교구의 주교였던 존 피어슨 John Pearson입니다. 1669년에 출간된 『신경 해설』The Exposition of the Creed에서 그는 초기 교회의 '참여' 개념을 회복시키며 지상의 성도가 어떻게 성부, 성자, 성령, 천사들, 그리고 하늘에 있는 성도와 함께하는지를 설명했습니다. 그리고 아직 성숙하지 못하고, 죄와 부족함 때문에 이름만 그리스도인처럼 보이는 사람들까지도 여기에 참여하고 있다고 말하지요.

나는 확신합니다. 이는 필연적이며 오류가 있을 수 없는 진리입니다. 마음이 비뚤어진 세대에 둘러싸여 살면서 이 세상의 비참함과 씨름하는 동안 진정으로 거룩하게 된 사람들은 아버지 하느님, 아들 하느님, 성령 하느님과 교제하며, 그분들에게 속해 있으며, 그분들과 함께 하늘에 거합니다. 그래서 삼위 하느님과 함께 그들은 하느님의 유익을 위하여 기꺼이 봉사에 임하는 복된 천사들의 돌봄과 섬김에 참여합니다. … 그리고 그들은 그리스도의 살아 있는 지체인 지상의 모든 성도와 상통하고 연결되어 있습니다. 이 상통과 연결은 그 누구의 죽음으로도 끊어지지 않습니다. 그리스도께서는 세상이 창조되기 전부터 성도가 누리는 생명의 근원이셨고, 성도는 그분 안에서 살아갑니다. 그래서 그들은 아벨 이후로 믿음 안에서 세상을 떠난 모든 성도와 상통하며, 지금은 아버지의 임재 가운데 어린양이 어디로 가든 그분을 따릅니다. 이것이 바로 내가 믿는 성도의 상통입니다.

(제9조)

다른 곳에서 피어슨 주교는 복되신 동정녀 마리아에 대해 인상적인 서술을 남깁니다.

마리아는 "이제부터는 온 백성이 나를 복되다 하리니"(루가 1:48)라고 예언했지만, 그 예언을 지키고 그녀를 존경할 책임은 우리에게 있다. 그리스도께서 그녀의 태중에 다만 갓 잉태되셨을 때 엘리사벳은 큰 소리로 "모든 여자들 가운데 가장 복되시며"(루가 1:42)라고 외쳤을진대, 그 그리스도께서 하늘에 계시고 그녀와 함께하시는 지금, 어떤 존경과 찬탄의 표현을 한들 충분하겠는가. 그리스도인은 그녀에게만 주어진, 다른 누구와도 나눌 수 없는 그 특별한 은총을 폄하해서는 안 된다. 우리는 우리 주님의 어머니에 대한 공경을 멈추어서는 안 된다. 다만 그 공경이 하느님께 드리는 예배를 대신하지 않도록 해야 한다. 초기 교회의 언어를 따르자. 마리아는 명예와 존경을 받아야 하고, 주님께서는 예배와 경배를 받으셔야 한다. (제2조)

이러한 저술들은 거룩함과 참여에 관한 참된 개념을 회복하려 애쓰고 있습니다. 그리고 이런 논의를 통해서 우리는 성도의 상통을 바르게 이해할 수 있는 길을 찾을 수 있습니다. 물론 성도의 상통을 더 깊이 이해하려면, 성도가 누구이며 어떤 존재인지 이해할 뿐만 아니라 기도의 본성을 제대로 이해해야 합니다. 기도가 오직 우리의 필요와 요구를 중심으로 형성된다면 우리는 성인들의 호의에 힘입어 그 필요와 요구를 관철하려 할 것입니다. 그러나 기도가 하느님의 뜻과 그분의 나라를 구하며 그분께 영광을 드리는 방향으로 자리 잡는다면, 우리는 '나'만 생각하는 자리에서 벗어나 낙원과 하늘에서 하느님의 영광을 구하고 비추는 이들과 함께하게 될 것입니다. 이와 관련해 리처드 뮤 벤슨Richard Meux Benson은 『영적 편지들』Spiritual Letters에서 기억해 둘 만한 말을 남긴 바 있습니다.

> 우리는 성인에게 중보를 구함으로써 무언가 얻어 내려는 마음을 가져서는 안 됩니다. 안타깝지만, 많은 사람이 그런 마음으로 중보를 갈망하고 구하곤 합니다. 별세한 성도와의 상통은 그보다 더 심오한 성격을 지니고 있습니다. 별세한 성도와의 상통은 우리가 함께 기쁨으로 예수께 영광을 드리는 활동입니다.

그리스도의 영광을 비추는 자리에서 모든 성도는 끊임없이 기도합니다. 성도가 이루는 가족 안에서 우리는 하느님을 더 가까이에서 뵙는 이들에게 기도를 청할 수 있고, 하늘이나 낙원이나 지상에 있는 모든 이를 위해 기도할 수도 있습니다. 그리고 이 가족에는 세상의 무게에 짓눌려 성도처럼 보이지 않는 이들까지 포함되어 있습니다. 우리는 기도로 강한 이를 기억하듯 약한 이를 기억해야 하며, 신실한 그리스도인은 그 모두를 위해 기도해야 합니다. 그리스도의 영광은 그분이 베푸시는 자비에 따르는 극심한 고통과 뗄 수 없기 때문입니다. 이것이 바로 "모든 성도의 상통을 믿으며"라는 고백에 담긴 의미입니다.

# 나가며

　　그리스도인은 기도와 삶을 결코 분리할 수 없습니다. 예수께서는 아버지와의 대화, 침묵 가운데서의 교제, 죽음을 아우르는 삶의 순종으로 이 땅 위에서 하느님의 아들됨을 드러내셨습니다. 그리스도인 또한 기도, 침묵, 실천이라는 모습으로 자신이 하느님께 입양된 자녀임을 드러냅니다. 예수께서는 아버지 하느님께 영광을 드리는 아들이셨고, 그 영광을 위한 삶을 사시는 가운데 세상을 위하여 자신을 봉헌하셨습니다. 그리스도인은 예수께서 영광을 드리신 대로 하느님을 예배하는 것이 가장 중요함을 알고 있습니다. 우리의 예배가 세상을 향한 자비와 연민을 드러내지 못한다면 또 다른 형태의 우상숭배가 되리라는 사실도 잘 알고 있습니다.

　　몸 안에 영혼이 있듯 세상 안에 그리스도인이 있습니다.

　　하느님을 예배함으로써 그리스도인은 창조된 세상 안에 드러난 그분의 아름다우심과 그 세상을 넘어서는 거룩하심에 놀라워합니다. 예수를 통해 값비싼 대가를 치러 인류를 구원하신 일에 감사드리기도 합니다. 예배를 드리며 마음과 상상력을 모아 하느님의 아름다우심과 선하심을 묵상하기도 하고, 때로는 하느님의 헤아릴 수 없는 사랑이 영혼에 부어져 마음과 상상력이 신비로운 어둠에 휩싸이기도 합니다. 예배를 통해 우리는 하느님 앞에 서게 되고, 마음을 다해 이 세상의 아픔을 품습니다. 나아가 예수의 이름으로 기도함으로써 우리의 갈망이 하느님의 뜻을 향하게 합니다.

　　그리스도교와 기도에 관한 이야기는 끝없이 계속되지만, 이 책에서는 부족하게나마 그 이야기의 뼈대를 다루어 보았습니다. 종으로서의 인간은 하느님을 향해 말로 표현할 수 없는 그리움을 느낍니다. 그 원초적인 그리움은 세계의 다양한 종교들이 표현하는 고차원적인 그리움의 원인이자 실상이지요. 이스라엘은 그 그리움을 안고 왕이시며 아버지이신 하느님, 나아가 세상의 창조주이신 분을 예배했습니다. 예수께서는 죽기까지 순종하는 삶으로 아빠 기도Abba prayer를 드리셨고, "이렇게 기도하여라"라고 제자들에게 말씀하셨습니다. 즉, 자신의 갈망을 말로 표현하고 하느님의 뜻에 맞추는 길을 보여 주신 것이지요. 예수의 죽음과 부활을 통해 하느님의 계시는 더욱 완전히 이루어졌고, 덕분에 바울을 비롯한 많은 사람이 '아버지'께 기도할 수 있게 되었습니다. 히브리인들에게 보낸 편지는 실재가 하늘의 세상에서 휘장을 뚫고 들어와 우리와 함께 땅의 세상을 살아감을 이야기해 주었습니다. 주님의 영광은 산에서도 평지에서도 성취됩니다. 이 이야기는 수 세기에 걸쳐 계속되고 있습니다.

그리스도인은 하늘이라는 목표를 현재의 삶 속에서 미리 경험하게 된다고 확신합니다. 성령은 하늘에서 수확된 첫 열매이자 하늘에 있는 보물을 보증하는, 우리가 먼저 받은 몫입니다. 사도 시대를 살던 그리스도인들은 그리스도 안에서 살아가는 삶이 신앙의 목표, 즉 다가올 하늘에서의 삶을 미리 맛보는 일이라고 믿었습니다. 이를 두고 바울은 그리스도 안에서 살아가는 삶을, 요한은 지금 여기에 있는 영원한 생명을 이야기했지요. 하늘이 우리의 여정이 향하여 가는 목표일 뿐 아니라 마음속에 간직된 보물이며, 언젠가 두 눈으로 볼 수 있는 것이라는 사실을 아래의 말씀은 가리키고 있습니다.

> 이제 여러분은 그리스도와 함께 다시 살아났으니 천상의 것들을 추구하십시오. 거기에서 그리스도는 하느님의 오른편에 앉아 계십니다. 여러분은 지상에 있는 것들에 마음을 두지 말고 천상에 있는 것들에 마음을 두십시오. 여러분이 이 세상에서는 이미 죽었기 때문입니다. 여러분의 참 생명은 그리스도와 함께 하느님 안에 있어서 보이지 않습니다. (골로 3:1~3)

우리를 향한 하느님의 뜻이 가장 잘 드러나는 자리는 성찬입니다. 성찬을 나눌 때, 부활하신 예수께서 우리의 양식으로 현존하시며, 우리는 하늘의 성도와 천사들과 함께 예배합니다. 그러나 부활하여 하늘에서 드려지는 예배의 중심이 되신 예수는 십자가에 달리셨던 예수이기도 합니다. 그러한 면에서 하늘의 예배에 참여한다는 것은 우리를 둘러싼 세상에서 고난을 받으시는 예수와 함께하는 일이기도 합니다. 성찬은 세상에서 그분을 만나고, 고통받는 이들 안에 계신 주님을 섬기도록 우리를 일깨웁니다. 실로 성찬 안에서 우리는

(실제로는 하나인 음성인) 다음과 같은 두 음성으로 부름을 받습니다.

오너라, 하늘의 잔치가 여기에 있다. 나와 내 어머니와 내 벗들과 함께 하늘의 만찬에 참여하여라.

오너라, 나는 여기 이 세상에서 고통을 받는 이들 안에 있다. 내게로 오너라. 와서 나와 함께하여라. 그리고 그들 안에 있는 나를 섬겨라.

그렇다면 우리는 하늘의 예배, 하늘에서의 삶을 어떻게 그려보아야 할까요? 그리스도교는 요한 묵시록부터 시작해 다양한 모습으로 하늘을 그려 왔습니다. 여기에서는 하늘에 관해 이야기해 주었을 뿐 아니라, 지금 이 자리에서 하늘을 미리 살아가는 일에 대해서도 반드시 기억해야 할 바를 알려준 성 아우구스티누스St. Augustine의 몇 마디만 되새겨 보지요. 『신국론』The City of God에서 그는 하늘에서의 삶에 대해 이렇게 말했습니다.

그때 우리는 쉬면서 보리라. 보면서 사랑하리라. 사랑하면

서 찬미하리라. 끝없는 끝에 이루어질 것이 바로 이렇다.[*]

하늘에서의 삶에는 다른 무엇보다도 쉼이 있습니다. 거기서 우리는 분주하나 부질없는 활동, 쏟아져 내리는 빛을 거부한 채 자기중심적인 모습만 고수하게 하는 활동에서 자유로워질 것입니다. 이렇게 쉬는 가운데 오랫동안 시야를 가려온 것들이 사라지고, 새로운 방식으로 보게 될 것입니다. 우리 이웃을 진정한 모습 그대로, 곧 하느님의 형상을 지닌 피조물이자 그분의 자녀로 보며, 그 형상을 새롭게 보게 될 것입니다. 우리 자신 또한 하느님 앞에서 무한히 작은 피조물임을 보게 되고, 하느님의 아름다우심 가운데서 그분을 직접 보기 시작할 것입니다. 그렇게 보게 되면 사랑할 것입니다. 하느님의 아름다우심을 보았는데 어찌 하느님을 사랑하지 않겠으며, 하느님의 형상을 머금고 우리에게 보여 주는 모든 이웃을 어찌 사랑하지 않을 수 있을까요? 마침내 우리는 찬미합니다. 모든 것이 하느님의 소유이고 우리 자신이 이룬 것은 아무것도 없다는 진실을 고백하며, 진정한 감사와 깊이 있는 경배를 드리게 됩니다. 아우구스티누스는 마지막으로

---

* 『신국론』 제22권 마지막 부분에 나오는 표현이다. 『신국론』(분도출판사).

"끝없는 끝"이라는 표현을 덧붙였습니다. 하늘에는 완전함이 있고 더 이루어져야 할 무언가가 남아 있지 않으니, 끝은 끝입니다. 그러나 하늘의 쉼, 봄, 사랑, 찬미를 통해 끊임없이 새로운 발견과 무궁무진한 모험이 이어지므로, 끝에는 끝이 없습니다. 이러한 하늘에서의 삶을 누리도록 하느님께서 우리를 창조하셨습니다.

쉼, 봄, 사랑, 찬미라는 단어는 하늘이라는 목표를 가리키는 말이자, 그리스도교가 세상에 건네는 말이기도 합니다. 세상은 쉬는 방법, 보는 방법, 사랑하는 방법, 찬미하는 방법을 잃어버렸습니다. 사람들은 끊임없이 활동에 휩쓸리며, 멈추어 생각할 시간을 갖지 못합니다. 멈추어 쉬지도, 깊이 생각하지도 않으면 보는 능력이 사라집니다. 우리가 어디로 가고 있는지 보는 능력, 더 넓은 관점으로 보는 능력, 집단이나 국가나 인종이라는 경계 너머를 보는 능력, 하느님의 형상을 담고 있는 진정한 모습 그대로 인간 존재를 보는 능력을 잃게 됩니다. 흐릿하게 보게 되는 곳에서는 사랑도 희미해집니다. 찬미는 불가능하게 됩니다. 우리는 먼저 본 다음 사랑하고 나서야 찬미하기 때문입니다. 그렇게 인간은 자기 존재의 목적이자, 쉼과 봄과 사랑의 원천인 창조주를 더 이상 찬미하지 않게 됩니다.

쉬다, 보다, 사랑하다, 찬미하다라는 말은 하늘을 이야기해 주는 동시에 땅 위에서 참되게 살아가는 인간의 삶이 무엇인지 이야기해 주고, 나아가 교회가 다시 새로워지는 일까지 이야기해 줍니다. 지금 이때는 물론이고 어느 때든 마찬가지입니다. 교회와 신앙생활 속에서 쉼을 자기만족에 그치는 평온과 경건으로 이해하고 마는 경우가 너무나 많지요. 봄은 우리가 살고 있는 시대에 대한 자각 없이 전통만을 쳐다보는 일이나, 역사를 살펴보는 일 없이 우리 시대가 열광하는 무언가를 쳐다보는 일이 되곤 했습니다. 사랑은 마음에 드는 사람끼리만 나누기 십상이었습니다. 찬미는 재미로하는 취미활동으로 전락하기 일쑤였습니다. 그러나 다시 새로워진 교회는 관상의 어둠과 빛에 자신을 내어 맡기며 쉬게되고, 하늘을 향한 전망과 세상 속의 고통 모두를 보게 되고, 아낌없는 섬김으로 사랑하게 되고, 영혼의 깊은 곳에서부터 찬미하게 될 것입니다. 이러한 징조들은 이미 나타나고 있습니다.

교회를 다시 새롭게 하기 위해서는 이 책에서 다룬 여러 이야기를 아우르는 통합이 필요할 것입니다. 하지만 우리는 이를 설계도 그리듯 미리 계획하거나 깔끔하게 짤 수 없습니다. 결코 그렇게 되지 않을 테지요. 우리의 지혜, 우리의 어리석음은 결국 모두 골고다의 어둠과 부활의 빛 아래 서게 될 것입니다. 성문 밖에서 고난당하신 예수께서 우리를 부르고 계십니다. 밖에 계신 당신께 나아와서 당신이 겪으신 치욕을 함께 겪자고.

# | 마이클 램지 저서 목록 |

- **The Gospel and the Catholic Church** (London: Longmans, Green and co., 1936, 1956(개정판))
- **The Resurrection of Christ: An Essay in Biblical Theology** (London : Geoffrey Bles., 1945, 1961(개정판))
- **The Church of England and the Eastern Orthodox Church: Why their Unity is Important** (London: SPCK 1946)
- **The Glory of God and the Transfiguration of Christ** (London: Longmans, Green and co., 1949, 1967(개정판))
- **F.D. Maurice and the Conflicts of Modern Theology** (Cambridge. Cambridge University Press, 1951)
- **Charles Gore and Anglican Theology** (London: SPCK, 1955)
- **Durham Essays and Addresses** (London: SPCK, 1956)
- **From Gore to Temple: The Development of Anglican Theology between 'Lux Mundi' and the Second World War 1889-1939** (London: Longmans, Green and Co., 1960)
- **Introducing the Christian Faith** (London: SCM Press, 1961)
- **The Narratives of the Passion** (London: A. R. Mowbray, 1962)
- **Image Old and New** (London: SPCK, 1963)
- **Christ Crucified for the World** (London: A. R. Mowbray, 1964)

- **Canterbury Essays and Addresses** (London: SPCK, 1964)

- **The Meaning of Prayer** (London: SPCK, 1964)

- **Sacred and Secular: A Study in the Other-worldly and This-worldly Aspects of Christianity** (London: Longmans, 1965)

- **Jesus the Living Lord** (London: SPCK, 1966)

- **Problems of Christian Belief** (London: BBC Publications, 1966)

- **Rome and Canterbury** (London: SPCK, 1967)

- **God, Christ and the World: A Study in Contemporary Theology** (London: SCM Press, 1969)

- **Freedom, Faith and the Future** (London: SPCK, 1970)

- **The Future of the Christian Church** (London: SPCK, 1971)

- **The Christian Priest Today** (London: SPCK, 1972, 1985(개정판))

- **The Charismatic Christ** (London: SPCK, 1974)

- **Canterbury Pilgrim: His Life and Pilgrimage** (London: SPCK, 1974)

- **The Christian Concept of Sacrifice** (Oxford: SLG Press, 1974)

- **Come Holy Spirit** (London: SPCK, 1976)

- **The Holy Spirit** (London: SPCK, 1977)

- **Jesus and the Living Past** (Oxford: Oxford University Press, 1980)

- **Lent with St John** (London: SPCK, 1980)

- **The Cross and this World** (London: SPCK, 1980)

- **Be Still and Know** (London: SPCK, 1982) 『멈추어라, 그리고 알아라』(비아).

## 멈추어라, 그리고 알아라
### - 그리스도교 기도에 대한 탐구

초판 1쇄 ┃ 2025년 12월 22일

지은이 ┃ 마이클 램지
옮긴이 ┃ 김준철

발행처 ┃ ㈜룩스문디
발행인 ┃ 이민애
편  집 ┃ 민경찬
검  토 ┃ 손승우 · 양지우 · 황윤하
제  작 ┃ 김진식 · 김진현
디자인 ┃ 민경찬 · 손승우

출판등록 ┃ 2024년 9월 3일 제301-2024-000093호
주  소 ┃ 서울특별시 중구 세종대로19길 16 1층 001호
주문전화 ┃ 010-3320-2468
이메일 ┃ luxmundi0901@gmail.com(주문 관련)
       viapublisher@gmail.com(편집 관련)

ISBN ┃ 979-11-994376-7-8 (03230)